「ひとり学習塾」開業&経営㊙マニュアル

【著】妹尾耕次
（小さな塾人）

秀和システム

まえがき

雇われの塾講師は、激務です。

朝から社内の会議があり、午後になれば授業の準備。

夕方から夜は授業時間で、そのあとは生徒の対応をしたり、授業で実施したテストの採点をしたり……。

さらに、夏期講習のような特別授業の営業ノルマも課せられたりします。繁忙期にはコンビニ袋に着替えを詰め込んで塾に泊まり込む……そんな状況も珍しくありません。

そのような状況を見ると、私には塾業界は、ブラック以外の何ものでもないと感じられます。

それだけの激務にもかかわらず、塾・予備校講師の平均年収は約４００万円。一般的なサラリーマンの約４６０万円よりも低いというデータがあります。

もしこの本をご覧のあなたが雇われ塾講師だったら、この現状をどう感じているでしょうか？働きに見合った収入を得られていると思いますか？

「いつやるか？　今でしょ！」というフレーズで一躍有名人になった予備校の先生、林修さんの年収は、一説では2億円を超えているそうです。

林先生くらいになれば、雇われ講師であってもブラックな状態とは無縁でしょう。しかし、そこにたどりつくのは、砂浜で一粒の金の粒を見つけるよりも難しいことだと思います。

しかし、そこまでの奇跡を起こさなくても、自分のがんばり次第で、働き方も年収もコントロールできるようになる方法があります。

それが、自分ひとりで塾経営を始めること。すなわち「ひとり塾長」になることです。

雇われ塾講師の現場には、理想的な塾運営とは無関係な業務が多すぎます。

雑務の時間は、もっと生徒のために使ったり、あるいは自分の英気を養うために休んだりしたほうが、よほど有効です。

「ひとり塾長」であれば、自分の時間を奪われる側から、自分で時間をコントロールできる側になれます。


これは、収入面でも同じことがいえます。

詳細は本文の中でお伝えしていきますが、『ひとり学習塾』の塾長であれば、年収は1000万円を越えることが可能になります。

私、妹尾耕次（せのお・こうじ）は、大学時代から雇われ塾講師として修行を積んだのち『ひとり学習塾』を立ち上げました。

開業当初の生徒数は片手で数えられるほどで、開店休業状態の日も少なくありませんでした。しかし地道な授業や集客が功を奏し、初年度に定員オーバーになるほどの生徒を獲得。2年目の年商は約1500万円でした。その後、増床や新校舎の開校を経て現在、開業8年目になります。

この本には、私の体験をもとに、『ひとり学習塾』を開業して軌道に乗せるためのノウハウを書いています。

教室の立地選定から集客の方法、収益性の高い授業体系、そして成績アップのポイント。他にも塾経営で注意すべき点など、惜しみなく詰め込みました。

これから独立を考えている塾講師や学校の先生や、塾を開業したものの生徒集めに苦労している『ひとり学習塾』の塾長にとって、塾経営の教科書のような存在になるものと自負しています。

皆さんが理想の働き方と収入を手に入れるための一助になれば、これほど嬉しいことはありません。

2024年5月
妹尾耕次

Contents

目次

第5章　一番の集客ノウハウは子どもの成績を上げること

第6章　塾経営でこれだけは知っておくべきポイント

第1章

転職、副業、起業するなら塾が一番だという理由

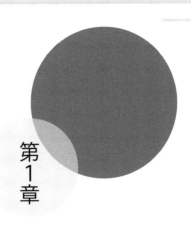

『ひとり学習塾』経営ならば少子化も「どこ吹く風」

2023年の子どもの出生数は、過去最低の75万8000人だったそうです。

このように急激に進む少子化を前にすると、『『ひとり学習塾』経営のすすめ』と言われても、「何を言ってるんだ？　これから子どもがどんどん減っていくんだから、1人で塾を始めるなんて無理に決まってるだろう」と思われるかもしれません。

何しろ、「子ども＝お客様」の母数が激減するわけですから、そう感じるのは当然だと思います。

しかし、私はそうは思いません。

大人数の生徒を相手にする大規模な塾ならともかく、『ひとり学習塾』にとっては、少子化はむしろ追い風であると考えています。

その理由をお話しましょう。

実はいま、子ども1人あたりにかける教育費は増加傾向にあります。

その背景にあるのが、少子化の要因でもある1世帯あたりの子どもの数の減少や、祖父母が孫の教育資金を援助できる「教育資金贈与の非課税制度」という税制優遇です。

実際に、文部科学省の『子供の学習費調査』によると、公立中学校に通う子どもの学習費のうち、塾などの学校外活動費は２０１０年に29万３０００円、２０１６年に30万１０００円、２０２１年に36万９０００円と、11年間で約26％増えています。

このように「子どもの数は減っているが、１人あたりの教育費は増えている」というのが、現在のリアルな姿なのです。

学習塾の指導スタイルは「集団指導」と「個別指導」に大別されます。そして、それぞれに「１人で指導する」か「他の講師を雇う」という選択肢があります。つまり２×２で、４通りのスタイルがあるわけです。

１　集団指導　かつ　１人で指導する

２　集団指導　かつ　講師を雇う

３　個別指導　かつ　講師を雇う

４　個別指導　かつ　１人で指導する

本書のテーマである『ひとり学習塾』は、4の「個別指導かつ1人で指導する」スタイルですが、この『ひとり学習塾』を除く3つのスタイルには、ある共通点があります。

それは、薄利多売のビジネスだということです。

集団指導は個別指導よりも授業料が安いという点で〝薄利〟であり、それを前提に利益を増やそうとしたら、必然的に大勢の生徒を集める必要があります。つまり、〝多売〟です。

しかし少子化のいま、生徒を集めるために莫大な広告費をかけられる大手塾でなければ、多数の生徒を確保することは困難です。普通にやっていたら薄利少売になってしまい、これでは塾の経営は成り立ちません。

だからこそ、子ども1人あたりにかける教育費が増えている現状では、授業料が比較的高い個別指導が経営的に有利なのです。

問題は、個別指導で自分以外に講師を雇う場合です。

アルバイトであれ正社員であれ、人を雇えば人件費が発生します。その人件費をまかなうためには、教室を広くして、たくさんの生徒を確保する必要があります。

そうなると家賃は高くなり、また集客のための広告宣伝費も発生してコストが膨らみます。

これでは、いくら個別指導は単価が高いといっても、手元にはわずかな利益しか残りません。つまり個別指導であっても、人を雇ったら十分な利益を残せないのです。

無理して生徒数を増やさず、経費もかけないスリムな経営で大きな収益を上げていく。それを可能にするのが個別指導の『ひとり学習塾』です。

塾長とその家族の生活のためには、１００人や２００人といった生徒を集める必要はありません。対象が中学生であれば、30～40人の生徒がいれば十分食べていけます。

またその規模感なら、毎年10人前後が卒業していったとしても、常に満席になるくらいにしっかり実績を上げていれば、卒業生で空いた分は苦労することなく埋まります。

売上を維持するために必死に集客する必要がないのです。

無理をして売上を伸ばす必要はないので、授業に注力できます。すると生徒の成績が上がり、保護者からの信頼が生まれ、よい口コミが集まり、結果的に自然と生徒が集まってくるようになります。

しっかりした『ひとり学習塾』の経営者にとって、子供１人にかける教育費が増加している少子化は、まさに追い風なのです。

『ひとり学習塾』を起業するなら小資本で可能

塾経営を始めようと考えた場合、まず思い浮かべるのは大手有名塾のフランチャイズ（以下FC）に加盟することでしょう。

たとえ、どこかの塾で人気講師だったという人であっても、独立して自分の塾を構えるとなると、基本的にはゼロからのスタートです。お客様である生徒やその保護者にとっては、無名かつ実績もない塾を積極的に選ぶ理由はありません。

だったら、誰もが知っている有名塾のFCに加盟したほうが、集客や運営面でも安心だろうと考える気持ちもわからなくはありません。

しかし、ここでネックになるのがFC本部に支払うお金です。

FCは一般的に、開業希望者が多額の加盟金を本部に支払い、さらにその後はロイヤリティーを支払い続けるという仕組みです。塾の場合も同様の方法でFC展開がされていますが、本部に払うお金が結構な額になるのです。

当初必要となるのはＦＣへの加盟金だけではなく、教室用の物件取得費や内外装工事費、机や椅子といった備品の購入費、広告宣伝費。さらには教壇に立つための研修費も負担しなければなりません。

会社によってばらつきはありますが、一例をあげれば、加盟金３００万円、物件取得費と内外装工事費、広告宣伝費で７００万円＋α、さらに、運転資金も事前に一定金額を用意しておく必要があります。始めたと思ったら資金不足で休校になったりしては、本部の名前に傷がつきますから。

その結果、開業費用の合計が１５００万円にのぼることも少なくありません。

これは、普通の塾講師や学校の先生をしていた人がおいそれと出せる金額ではないでしょう。「がんばればなんとかなる」という人もいるかもしれませんが、もしうまくいかなかったら、それは悲惨です。

ＦＣに加盟するというと、大きな塾の看板を背負うことになるので、あたかもその塾の社員になるような感覚の方もいますが、それはまったく違います。

お金をかけて立派な教室をつくり、広告を打って生徒を10人集めたとしても、そこから満室まで持っていけるか、そしてそれを維持していけるかどうかは塾長の才覚にかかっています。

ＦＣ本部は看板とノウハウは提供してくれますが、実際に集客して実績を出すのは塾長の仕事だからです。

もし、集客がうまくいかなくてもロイヤリティーという名の出費は続きます。その状況が続いたら、資金は完全に底をつくことになるでしょう。

看板やノウハウを活用できるものの、負担する金額が大きく、リスクが高いのもＦＣだと言えます。

しかし『ひとり学習塾』の開業なら、そのような金銭面での大きなリスクはありません。実際に、私が２０１６年に開塾当時にかけた費用は１２０万円。名古屋市の郊外に教室を借りてのスタートで、開塾費用のうち3分の2は物件取得費でした。

持ち家の人で部屋に余裕があり、リスクを下げたいのでまずは自宅で開業したいという場合であれば、物件取得費がかからないので、用意するのは40万～50万円あれば十分です。実際に、私の知人は大阪市にある自宅の一室で開業しましたが、開塾費用は20万円だったそうです。

これから開業する人は、地域性や現在の物価高を考慮しても、２００万円～３００万円あれば十分でしょう。ＦＣなら１０００万円オーバーになるところが、三分の一以下で済むわけです。

【大手フランチャイズ塾の開業資金】

FC加盟金	約3,000,000円
物件取得費・改装費・宣伝費	約7,000,000円
当面の運転資金	約5,000,000円

開業費用合計 15,000,000円

【大手フランチャイズ塾の開業後の負担金】

ロイヤリティ	月次売上の7～10%
本部の教材購入	塾生人数以上の数となることも

【ひとり学習塾の開業資金】

物件取得	800,000円
その他雑費用	400,000円

開業費用合計 1,200,000円

※金額は著者調べ

ただし、FCの看板が使えない以上、成功するかしないかは、FCの場合以上に、塾長の行動にかかってきます。

塾の目的は子どもの成績を上げることですから、実績を出せれば口コミで自然に集客できるし、思うような実績を上げられなかったり、生徒や保護者への対応がまずければ、生徒は減っていきます。

とは言っても、そもそもの投資金額も低いものですから、思うようにいかなかったとしても、経済的な損失は最小限に抑えられます。

あなたが、あなたの塾の看板で、経験を生かして自由に経営する。だからこそ小資本での開業が可能になるのです。

学校教諭&塾講師の転職に独立開業という選択肢

「こんなに働いてるのに、他の業界にいる友人より給料が低い……」
「子どもに勉強を教えるのは楽しいけど、雑務が多すぎるうえに給与に反映されない」
「年収１０００万円くらい欲しいんだけど、転職しなきゃムリかな?」

そのような思いを抱えている現役の先生にこそ、１人塾の開業をおすすめします。

学校の先生や雇われの塾講師では、年収が１０００万円を超えることは、まずありませんが、『ひとり学習塾』を開業して2年目で年収１０００万円を超える人はざらにいるからです。

具体的なデータを見てみましょう。

文部科学省の「学校教員統計調査（令和元年度）」によると、公立・私立を合わせた一般教諭の平均給料月額は33万５０００円。仮にボーナスを半年分とすると、額面年収は約５９５万円になります。

では、役職についたらどうなるか。校長先生の平均給料月額は44万７２００円。同じように計算すると、額面年収は約805万円です。税金や社会保険料を引いた手取り収入は年600万円といったところでしょうか。

現場のトップである校長先生ですら、年間で自由になるお金は600万円です。

この数字をどう考えますか？

一方の雇われ塾講師はどうでしょうか？

厚生労働省の「賃金構造基本統計調査（令和元年）」では、「個人教師、塾・予備校講師」の現金給与額と年間賞与の合計は約397万円でした。

国税庁の調査による給与所得者の平均給与は461万円ですから。塾講師の給料は、平均的なサラリーマンよりも低いという現実が見えてきます。

「これじゃあ、ちょっとやっていけないな」

そう思いませんか？

ではもし、『ひとり学習塾』を始めたらどうなるか。ざっくりとですが、その収入モデルを見てみましょう。

【教職員の給与の実態】

一般教諭	平均月額給与 335,000円 額面年収額 約5,950,000円

役職教諭	平均月額給与 447,200円 額面年収額 約8,050,000円

※文部科学省「令和元年度　学校教員統計調査」より

【雇われ塾講師の給与の実態】

一般塾講師	額面年収額 約3,970,000円

※厚生労働省「令和元年　賃金構造基本統計調査」より

【一般の給与所得者】

給与所得者平均	額面年収額 約4,610,000円

※国税庁の調査より

【ひとり学習塾の年収の根拠】

月謝1人	25,000円
定員	40人
月の売上	1,000,000円
1年の売上	12,000,000円
年間経費差引	-2,000,000円

ひとり学習塾講師の年収 ➡ 1000万円

※金額は著者調べ

月謝の平均を2万5000円として、定員40人を維持すれば、月の売上は2・5×40＝100万円、年商は100万円×12カ月＝1200万円になります。

家賃を含めた経費を年間200万円とすると、年収は1000万円です。

さすがに開塾当初から40人の生徒が集まることはまずありえませんから、初年度からこの数字を達成するのは難しいと思いますが、2年目以降であれば十分実現可能な数字です。

これは絵に描いた餅ではありません。実際に、私は開業2年目でこのような状況の1・5倍ほどになりました。

もし2年目でも生徒が40人に届かず、30人ほどだったとしても、経費を差し引いた年収は700万円。一般教諭の595万円よりも約100万円多いのです。

塾の先生は人気商売です。

塾長や講師の人柄を慕って、生徒が集まります。

もしいま、あなたが学校の先生や塾講師として働いていて、生徒や保護者に信頼されているという自信があるなら、独立開業してからも集客に困ることはないでしょう。

「こんなに結果を出しているんだから、もっと給料もらってもいいよな」と思っていたら、それは自信がある証拠です。

私も雇われ塾講師だったころ、教室の運営に関しては、同僚の誰よりも貢献している自負がありました。そして「これなら１人でやったほうが、収入が増えていいな」と考えたのが、独立のきっかけです。

同じ勉強を教える仕事なら、開業・独立したほうがやりがいもあるし、自分自身も幸せになれる。

私はそう思います。

塾講師なら資格は必要ない

弁護士や医師として仕事をするためには、資格が必要です。

また学校の先生になるにも、教員免許が必要です。

しかし塾を開業するためには、特別な資格はいりません。

小中高の教科を一通り勉強していて、人に教えることができれば、誰でもできます。

強いて言えば、大学を卒業していること。塾で教える高校までの勉強を一通りした証明になるからです。

その大学も、国公立大学ならなおいいでしょう。『ひとり学習塾』では塾長が全教科を教える必要がありますが、大学入試センター試験（現在の大学入学共通テスト）で全5教科を学習した経験があるので、オールラウンドで指導をこなせます。

高卒でも、小中高の内容をしっかり復習していれば塾講師になること自体はできます。そのうえで信頼できる人柄があれば、生徒を集めることもできるでしょう。

ただ、保護者の中には、やはり講師の学歴を気にする方がいるというのは事実です。高卒であることを逆手にとって売りにできるようなキャラクターでない限り、集客面ではやはり不利です。実際、高卒の塾講師には、ほとんど会ったことがありません。

「でも、やっぱり何かの資格があったほうが塾の経営には有利なんじゃないか？」と考える方もいるかもしれませんね。

では塾経営の現実に照らして、本当にそのようなことはあるのか検証してみましょう。

１　教員免許はあったほうがいい？

「教員免許を持っていれば上手に塾を経営できる」ということにはなりません。免許を取るのに必要な能力と、生徒が集まる塾をつくる能力はまったく別のものだからです。

そもそもほとんどの塾講師は、教員免許を持っていません。

どこの塾でも、入社すると３カ月ほどみっちり研修をします。教員免許を取るのに必要な教育実習は４週間ですから、対生徒という意味では、塾講師のほうがしっかりトレーニングをしていると言えます。

学校の先生も塾講師も、生徒に勉強を教えるという点では同じ仕事をしているわけですが、教員免許は「学校の先生になる」ために必要なもので、それが必ずしも生徒の成績を伸ばしたり、生徒や保護者から信頼される人物であることの証明ではありません。

飲食店を経営するためには、従業員の中に調理師免許を持っている人がいなければなりませんが、実際にすばらしい料理をつくるシェフに必要なものは、調理師免許ではなく、料理をつくる才能です。

調理師免許があるからといって、ミシュランで星を取れる料理をつくれるわけではないでしょう。

教員免許もそれと同じことです。

もちろん、教員免許を持っていること自体はマイナス材料にはなりません。ただ、生徒や保護者が求めているのはそのような資格ではなく、テストの点数をのばし、学校での順位を上げ、志望校に合格できる学力をつけることです。

結論を言えば「教員免許はあってもいいが、別になくても塾経営には何も困らない」ということです。

2　校長先生は有利？

前職での肩書き、例えば「元・校長先生」などが有利になるかと言えば、そうでもありません。塾講師に求められるのは、生徒への対応力です。

もちろん、生徒に対して柔軟な対応力のある校長先生なら話は別ですが、それよりもむしろ学校という組織を管理する能力に長けているという自覚があったからこそ、校長先生になったのではないでしょうか。

学校の先生が塾講師になるのであれば、役職者よりも、むしろ、現在進行系で担任を持っているくらいのほうが向いていると思います。「なんだか偉そうな校長先生」よりも、「親しみやすい担任の先生」のほうが、生徒にとっても近づきやすいでしょう。

実際、私の知り合いに、中学校の校長先生を勤めあげたあと、退職金の２０００万円をつぎ込んでＦＣに加盟して塾を開業した人がいますが、案の定、思うように生徒が集まらず、毎月赤字を出しているそうです。

校長先生の肩書は世間的には評価されるものではありますが、塾経営の観点では、あまり価値がないと考えていいと思います。

3 出身大学が有名じゃないけど大丈夫？

塾講師に学歴が関係あるかと言われれば、あるとも言えるし、ないとも言えるというのが、正直なところです。

たしかに、東大や京大など、トップレベルの大学を卒業しているのであれば、その学歴はアピールポイントになります。しかし最終学歴が一般的にあまり知られていない大学なら、自分から言わなければいいだけです。生徒や保護者から聞かれたら答えればいいというレベルで、チラシのプロフィールなどに、あえて書く必要もありません。

というより、そもそも東大や京大を卒業していながら、あえてブラックなイメージがある塾講師になろうという人はほとんどいないのではないでしょうか？　東進ハイスクールの林修先生は東大法学部を卒業していますが、これは稀有な例ではないかと思います。

また、トップクラスの大学を卒業した人が塾講師になっても、必ずしも生徒の学力アップに力を発揮できるわけではありません。あくまでも私見ですが、むしろ教えるのが下手な人のほうが多いと思います。

もともと勉強ができる人は、できない生徒を見ても、なぜできないのか、つまずいているのかがわからないからです。その生徒は何がわからないのか理解できなければ、何を教えたらいいのかわからず、生徒の成績を上げることはできません。

つまり、高学歴の講師よりも、低偏差値から猛勉強して成績を爆上げしたというような逆転ストーリーを持っている講師（すみません、私のことです）のほうが、同じように勉強が苦手な生徒に寄り添った指導ができるということです。

いかがでしょう？『ひとり学習塾』を開業するのに、難しい資格や華やかなキャリアなどは無用ということがおわかりいただけたのではないでしょうか？

受験経験を仕事に転化できる

あなたはこれまで、勉強にどれくらいお金をかけてきましたか？

塾の月謝を2万5000円とすると、1年間の塾代は約30万円です。夏期・冬期講習や特別授業などを含めると、年間で50～60万円ほどでしょうか。

高校受験と大学受験では塾代もまったく違うので正確な計算ではありませんが、仮に中学1年生から高校3年生まで目一杯塾に通ったとすると、塾だけで400万円程度費用がかかっていたということになります。

『ひとり学習塾』を経営するということは、この400万円をかけて身につけた自分の知識やノウハウを活かして仕事をするということです。

学生時代の受験勉強やテスト勉強を思い出してください。そのときには、膨大な単語や公式、年号などを覚えたはずです。

そしてその過程で、たくさんの暗記テクニックや語呂合わせを身につけたと思います。塾の先生から教わったものもあれば、自分で独自に編み出したものもあるでしょう。

それらはすべて、あなたが塾講師として生徒に提供できる〝引き出し〟になります。

今度は、いままでに身につけた知識やノウハウを人に教えることで、利益を生み出していくのです。

いやらしい言い方かもしれませんが、このようにしてかつての400万円という投資を回収することが、『ひとり学習塾』であれば可能なのです。

ところが雇われ塾講師では、そのような引き出しのすべてを生かすことはできません。教室によって指導内容にばらつきが出ないよう、統一された指導マニュアルがあるからです。

基本的に研修で学んだ教え方で授業を進めることが求められ、講師が独自の引き出しを使える場面は多くありません。「この教え方のほうが、わかりやすいと思うんだけどな」ということがあっても、それを実践することはできないのです。

しかし『ひとり学習塾』なら、自分が最もよいと考える教え方で授業を進めることができます。その結果「あの塾はわかりやすい」という口コミが生まれ、集客につながっていきます。

自分が今までの勉強に費やしてきた時間とお金、そして努力から何百倍、何千倍ものリターンを生み出せるのが『ひとり学習塾』というビジネスなのです。

一生雇われ塾講師？　それとも独立開業？

雇われの塾講師は激務です。

例えば、受験が近くなってきたある日曜日の様子を見てみましょう。

早朝に出社して、午前9時から入塾説明会。その後に個別相談の対応をし、後片付け、事務処理。授業の準備をして、昼過ぎから午後10時まで授業。残務処理をして終了、と思いきや、受験が近いということで張り切りすぎて、夜中の12時、1時くらいまで授業をする講師が登場。生徒や講師を置いて帰るわけにはいかず止むなく待っていると、生徒の帰宅が遅いのを心配した保護者からの電話が鳴り響き、自分の仕事でもないのにクレーム対応。結局、自宅に帰り着くのは2時、3時。翌朝、疲れた体を無理やり起こして出社する……。

雇われ講師では、説明会がうまくいってたくさんの生徒が入塾しようが、巻き込まれ残業をしようが、見返りはほとんどありません。

ブラック企業と呼ばれても仕方のない働き方が、業界レベルで定着しています。

私もそういう生活を送っていました。

しかし独立したいまは、当時がウソだったかのように、自由な日常を送っています。午後4時から10時までは塾で授業をしていますが、それ以外のほとんどの時間は自由です。朝はゆっくり起きて好きなことをして、昼過ぎに塾に到着。夕方から授業。塾を閉めたら飲みに行く。こんな生活です。

開業1年目は教材づくりや宣伝活動など、授業時間以外も仕事をしていましたが、必要な教材はつくり終え、また、宣伝しなくても口コミで満席を維持しています。予習についても、雇われ講師8年・独立8年目のいまは授業内容が完全に頭に入っているので、必要ありません。2年目以降は、自由なライフスタイルを満喫しています。

やりがいの面でも大きな違いがあります。

生徒の点数が上がったときに、いっしょになって喜べる達成感は雇われ講師時代とあまり変わりませんが、生徒や保護者が「塾」ではなく「私」に感謝してくれることは大きな違いです。

雇われ講師だったら、私はその塾講師の中で「ワン・オブ・ゼム」に過ぎません。しかし『ひとり学習塾』なら、私がすべてです。私がつくりあげたものに、感謝してもらえる。これは、嬉しさの度合いがまったく違います。自分自身を認めてもらうというのは、とても気持ちがいいものです。


雇われ塾講師時代は、自分が将棋の駒でいう「歩」のような存在だと感じていました。

一国一城の主となったいま、すべて自分で責任を負う代わりに、うまくいったときの喜びがとてつもなく大きいことを実感しています。

自分でやったことがすべて自分の成果につながっていくので、説明会などの授業以外のことも苦になりません。


このことを逆の面から見ると、何かうまくいかないことがあると他人や環境のせいにしてしまう、いわゆる〝他責思考〟の人は『ひとり学習塾』の経営には向いていないかもしれません。

そのような人は、まずはネガティブなことが起きたときに他人や外部のせいにするのではなく「自分の行動のここに問題があったのではないだろうか」と振り返ってみてください。

そして改善のための試行錯誤を楽しんでください。

雇われ講師のときは、不平不満を抱えていたり、モチベーションが下がったりしても会社にしがみついていれば安定した給料はもらえます。

しかし『ひとり学習塾』では、ずっと不満を感じていたり、モチベーションが下がりパフォーマンスも低下したような場合、売上に直結します。

おそらく、張り切って『ひとり学習塾』を始めたとしても、最初の1年は集客に苦しむことになるでしょう。それでもどうしたら生徒が来てくれるのかを考え抜き、行動する人が最終的に生き残っていくのです。

もうひとつメンタル面で大切なことは、何であれ、ものごとを徹底的にポジティブに捉えるクセをつけるということです。

例えば、うまくいっている雇われ講師の場合、「生徒が来るのは自分のおかげ」くらいに思っているほうが、『ひとり学習塾』では成功します。

私は塾に勤めていたころ、３人の講師で２５０人の教室を回していました。１人当たり70人から80人の生徒を見るわけです。

それは激務でした。

その教室は、グループの中でも「陸の孤島」と呼ばれていました。

というのも、講師が3人とも個性的だったからです。他の教室と比べて圧倒的に生徒の数が多かったのですが、「この教室は真似するな」といわれていました。

そのようにグループ内で完全に浮いているわけですから、その塾での出世を考えたら、とてもマイナスな状況ではあるのですが、そんなことはまったく気にしていませんでした。

会社がどう感じていようと、自分たちは結果を出していたからです。

頭の中では、むしろ自分たちがいなかったらこの塾は危ないんじゃないかくらいの勢いです。

そういう環境にいると、自分自身がものすごいスピードで成長していきます。私も入社して半年ぐらいで国語のチーフを任されました。

人並み以上の業務量をこなしており、生徒や保護者からの信頼を得ている自負がありました。

これなら自分でやったほうが面白いし、お金も時間も自由になると考えたのが、開業のきっかけです。

私のケースは特殊かと思われるかもしれませんが、雇われ講師であれば、多かれ少なかれ似たような思いを抱いたことはあるでしょう。

独立に迷ったら、そのときの気持ちを思い出して、一歩ずつでも『ひとり学習塾』開業に向けて進んでほしいと思います。

第2章

「塾の利益率は驚異の83％」が実現できる㊙テク

『ひとり学習塾』なら経費を最小限に抑えることができる

前章でさんざん『ひとり学習塾』の素晴らしさを訴えていたにもかかわらず、打って変わって冷や水を浴びせるかけることになってしまいますが、少しショッキングなデータを紹介しましょう。

実は近年、塾の倒産件数は増加しており、2023年には、過去20年間で最多の45件となったのです（東京商工リサーチ調べ）。ちなみに倒産した理由の9割は「販売不振」。要は、生徒が集まらなかったということです。

ところが一方で、学習塾の市場規模は20年間で約1・8倍に拡大しているというデータもあります（経済産業省「特定サービス産業動態統計調査」調べ）。

塾業界全体の売上高は伸びているのに、生徒が集まらなくて倒産する塾が増えている……。一見矛盾するこの結果について、どう理解したらよいのでしょうか？

「それは、生徒が集まる大手塾がどんどん売上を伸ばしていて、生徒を集めにくい中小の塾が倒産しているということなんじゃないか？　本当に『ひとり学習塾』で大丈夫なのか？」

そう思う方もいるでしょう。

確かに、広告につられて、大手塾に生徒たちが集まってしまうという点は否定できません。

ただ私は、生徒不足が塾の経営が立ち行かなくなる真の理由ではないと考えています。

生徒不足ももちろん問題ですが、塾が倒産する本質的な理由は、むしろ高コスト体質、つまり経費のかかりすぎにあるのだと思います。

塾経営の中で、最も大きな割合を占める経費は人件費であり、実際、経費に占める従業員の人件費の割合は約50%というデータがあるほどです。

そして残りの50%から家賃やその他経費、経営者の給料などを差し引いていくと、利益として残るのは5%程度になってしまうのです。

「塾に利益が残らなくても、自分の給料が多ければいいよ」という塾の経営者はさすがにいないでしょう。

利益率の低さは、経営リスクに直結します。

かと言ってむやみに授業料を値上げしては、集客に影響が出るだけでなく、既存の生徒も退塾しかねません。

そうなると、経営リスクを少しでも下げるために経営者にできることは、経費の中で最大の割合を占める人件費をできるだけ抑えることです。

雇われ塾講師の給料がなかなか上がらないのも、人件費を低く抑え、少しでも塾の利益を増やすためです。

とは言え、人件費の削減にも限界があります。

講師の給料を他の塾よりもあまりにも低くしていたら、講師を集めることができません。あえて安月給の塾で働こうという奇特な人はいないからです。

まとめると「販売不振」とは、単純に生徒が集まらなくて売上を立てるのが難しいということではなく、「高いコストをカバーするだけの売上」を立てるのが厳しい状況であると言えます。

FCであれば、経費にロイヤリティーも加わるので、さらに利益が圧迫されるでしょう。

5%という低い利益率のまま利益の総額を増やそうとしたら、規模を大きくして、さらに多くの生徒を集める必要があります。

しかし、規模を大きくすれば当然、家賃や広告宣伝費のコストがふくらみます。すると経営を安定させるためにはもっと利益を増やさなくてならず……という具合に自転車操業となり、最悪の場合、倒産という結末を迎えかねません。


だからこそ、人件費という経費がかからない『ひとり学習塾』なのです。


塾経営では、人件費以外でかかるコストは、それほど高いものではありません。

『ひとり学習塾』で拡大戦略をとらないのであれば、家賃や広告費も抑えられます。

また、塾のコンセプトにも関わってきますが、工夫次第で初期投資も少額にできます。

例えば、私の塾は個別指導ですが、仕切りや１人用のデスクチェアなどの個別ブースは導入していません。

詳しいことは後ほどお話しますが、私の塾では、定期テスト前には全員が塾に集まり、一斉に勉強するというカリキュラムがあります。

そのとき、仕切りのない長机に向かうことで、自分ひとりでは勉強する習慣がない生徒も、ほかの生徒ががんばっている様子を見て「自分も勉強しなくては」と奮起して、勉強に取り組むのです。

個別ブースをつくってしまうと、他の生徒の様子が見えなくなり、なかなかやる気は出ないでしょう。しかも、個別ブースを導入しないことで、数十万円単位で初期投資を削減できます。コスト削減は、初期投資に限らず、実際に塾を経営するなかで常に意識しておくべきことです。そして1年間の経費を200万円程度におさえることができれば、仮に売上高が1200万円だった場合、利益率は83%です。

利益率5%の一般的な塾で雇われ講師を続けるのとどちらがよいか、答えは明白ではないでしょうか。

個人の専門知識やスキルで勝負できる

『ひとり学習塾』を始めるなら、負担の少ないように、自分の得意分野に特化した塾にしたい」

と思う方もいるでしょう。

では集客の観点で考えた場合、特定の科目を専門にした特化型と、まんべんなく教える全教科型では、どちらの塾が有利でしょうか？

結論から言うと、集客しやすいのは全教科型です。

「そんなことはないだろう。数学専門の塾はよく目にするぞ」という方もいるでしょう。

では、簡単な計算をしてみましょう。

ある地域の中学生1学年で、数学が苦手な生徒が50人くらいいるとしましょう。

地域でトップの塾が持つシェアは10%といわれていますから、仮にこの地域で数学専門の塾ができたとして、1学年で集客できる数は50人×10%＝5人。3学年合計しても、5人×3学年＝15人しかいません。これでは相当な高額な授業料を取らなければ、経営が厳しいでしょう。

数学の苦手な生徒が200人以上いるなど、母数となる生徒数が多ければ専門型でもやっていける可能性はありますが、個人塾が戦える立地や商圏で考えると、それは難しいと思います。

そもそも、特別な科目だけを伸ばしたい生徒よりも、5科目なら5科目のテスト全体で点数を上げていきたいという生徒のほうが多いはずです。

それにもかかわらず数学しか教えないというのでは、大変な機会ロスです。

特別な勝算がある場合は別ですが、『ひとり学習塾』を始めるのであれば、全教科対応型であることは必須です。

ただし、特化型の塾にはしなくても、自分の強みは徹底的に活かすべきです。

誰でも、学生時代には得意科目があったと思います。

中には「全科目まんべんなく得意で毎回高得点だった」という人もいるかもしれませんが、好きな科目とあまり好きではない科目があったのではないでしょうか。

その得意科目や好きな科目に磨きをかけ、自分の強みとして生徒にアピールしていくのです。

私も塾で全教科を教えていますが、大学受験時には社会などの暗記科目がとても苦手でした。

そもそも科目云々以前に、暗記が好きではなかったのです。

一方、数学は、模試で全国1位を取るほど得意でした。

ですから塾を始めるにあたり、数学は何の心配もしていなかったのですが、問題は暗記科目です。生徒に質問されて答えに詰まるようでは、信頼してもらえません。

その対策として何をしたかといえば、勉強です。

全教科対応型の塾として開校するために、受験生のように必死に勉強し、苦手科目を克服したのです。

より多くのニーズを取り込める全教科対応型の塾として開校し、その中で自分の得意分野をアピールするというのが、集客で取りこぼしをしない方法です。

特に数学や英語のような、いわゆる「積み上げ型」の科目は、どこかでつまずくとそれがきっかけに苦手科目になってしまう可能性が高いので、この2科目をしっかり教えられるという強みがあると、集客が有利になるのではないかと思います。

弱点はしっかりカバーしながら、得意分野には徹底的に磨きをかけることが、他の塾との差別化につながり、集客に成功する『ひとり学習塾』の秘訣です。

塾長の個性で差別化し、生徒を集める

大手がひしめく塾業界のなかで、規模や知名度で不利な立場にある『ひとり学習塾』が集客に成功するためには、塾長の個性によって、差別化を図らなければなりません。

逆に言えば、差別化できる自信のない人は、莫大な加盟金とロイヤリティーを払ってFCに加盟したほうがよいでしょう。

こう言うと「そんな……自分は、他の人と同じように生徒たちに教えてきただけだし、特別に差別化できるポイントなんてないよ」と思うかもしれません。でも、胸に手を当ててよく考えてみてください。

今まで学校の先生や塾講師として生徒たちに勉強を教えてきた経験があるのであれば、自分なりの勉強法や苦手科目の克服法が確立できているはずです。

そのオリジナリティをブラッシュアップさせることで、『ひとり学習塾』の差別化ポイントになるのです。

例えば私の塾は、「日本一成績を上げる」をうたい文句にしており、これこそが最大の差別化になっています。

５教科で２５４点アップの中学生を筆頭に、テストの点数が５教科で50点以上も上がった生徒が１００人以上。他に類を見ないこの実績が、入塾予約待ちの状況を作り出していますが、このような成績アップを実現する方法は、私が自分の経験を反映して生み出したものです。

私はどん底の成績から猛勉強して目標を達成したことが、一度や二度ではありません。

中学生時代は部活の水泳に明け暮れ、成績は下から数えたほうが早く、担任の先生に「このままでは行ける高校がない」と言われる始末です。しかし3年生の夏休みに一念発起し、１日10時間勉強したところ、成績は２００人中30番台に上がり、地元の進学校に入学することができました。

それだけの思いをして入学した高校でしたが、今度はバンド活動に夢中になり、まったく勉強せず、卒業時の偏差値は34でした。

これではまずいと、浪人時代は再び勉強に没頭。大手予備校に通ったものの、授業を受けるのは効率的ではないことに気がつき、途中からはひたすら自習室にこもって、開室から閉室までの14時間、1人で勉強していました。

ずっと同じ姿勢で座っていたので、お尻から出血したほどです。

大学卒業後は就職浪人した後に半年だけ公務員として勤めていたのですが、公務員試験も同じように短期集中で合格しました。

このような経験を通じてわかったのは「とにかく集中して一定以上の時間をかけて勉強すれば成績は上がる」ということです。

私の塾に来れば大幅な成績アップが実現するのは、この経験から編み出した独自のメソッドがあるからです。

さらに、この経験から、開校時の立地も考え抜きました。

私の塾があるのは、名古屋市でも5本の指に入る低学力地域です。中学校では学年で30位くらいになって、ようやく偏差値50といったところです。

しかし普段の成績が悪いということは、決して悲観することではありません。勉強する習慣さえ身につければ、どんな生徒でも成績は爆上がりするからです。

私はその事実を自分の体験を通じて知っていましたし、その上がり方は、集客面で大きなインパクトがあるのです。

例えば、５教科で４００点を取るような優秀な生徒の場合、４５０点に上げるのは難しいうえに、たったの50点アップということでインパクトもありません。ですが、１５０点から３５０点という場合はどうでしょう？　相当な驚きではないでしょうか。

このような実績をつくりやすい場所として、現在の地域を選んで開校したのです。

学校の先生や塾講師の経験のある方であれば、成績を上げるために、自分自身で何らかの勉強法を編み出しているはずです。そして、それこそが「個性」です。

「自分には無理」と思わず、成功につながる個性を見つけ出してください。

『ひとり学習塾』なら一貫してクオリティーの高い教育を提供できる

講師を雇うことのデメリットは、コストがかかることだけではありません。

授業のクオリティーにばらつきが出てしまうことも、大きな問題点と言えます。

知識や教え方など、講師によって提供するサービスレベルに差があると、クレームや退塾の原因になってしまうことがあるのです。

そもそも個別指導塾の講師は、人件費が安い大学生のアルバイトを雇うのが一般的です。おおむね半月〜1カ月ほどの研修を行った後に、現場に出るようになりますが、この研修は、授業の進め方やカリキュラムなどの形式的なことを教えるだけ。授業内容やわかりやすい教え方といった、提供するべきサービスの内容を伝授するわけではありません。

また教え方の巧拙は、講師の資質に大きく左右されます。

ほとんど研修をしなくても上手な人もいれば、いくら研修をしてもなかなかうまくならない人もいます。

さらに中にはスキル以前に、遅刻や欠席を繰り返すといった、社会人としての常識に欠ける人もいます。

採用時の面接をすると、ある程度は適性がわかりそうなものだと思うかもしれませんが、１回や2回話しただけでは、講師としての素質はわからないというのが正直なところです。

現場に出してから、どうしても教え方がうまくならない場合には辞めてもらうということができればまだいいのですが、すでに担当の生徒を持たせているので、簡単には辞めさせられません。

その結果「あの塾は教え方が下手」という残念な評判が立ちかねないのです。

『ひとり学習塾』ならば、授業をするのは自分ひとり。授業のレベルや内容にばらつきが出るわけがありません。

また、授業のクオリティーだけでなく、経営面でもデメリットがあります。

月謝が2万5０００円で月に90分×8回の授業を行っているとすると、授業料の時間単価は約2０００円です。

講師のアルバイト代が時給1500円だとすると、手元に残るのは差し引き500円しかありません。がんばって集客しても授業料の4分の3が、人件費に消えてしまうわけです。

これだけコストをかけ、しかもクオリティーがばらついてしまうのでは、何のために人をやとうのか意味がわかりません。

だからこそ、塾経営は1人でしたほうがいいのです。

『ひとり学習塾』は小さく始めて大きく稼ぐ

初期投資を回収できる期間を想定しておくことは、事業の効率性やリスクを図る指標になります。

一般的に多額の初期投資が必要になる飲食店の開業では、回収期間は3年程度が目安といわれていますが、『ひとり学習塾』は数カ月での回収が可能で、非常に効率的です。

自宅の一室で開業して、生徒が集まってきたらテナントを借りるという場合なら、2、3カ月で初期投資を回収することもできるでしょう。

小さく始めて大きく稼ぐことができるのが、『ひとり学習塾』の魅力です。

私の場合、16坪の教室を借りて開業資金の合計は120万円、初年度の売り上げは約800万円でした。経費は約200万円ですから、利益は600万円。1年間で初期投資が5倍になって返ってきたという計算です。

そして2年目の売上は約1500万円、利益は1300万円弱。早くも、大企業の部長と同じくらいの収入を得られるようになりました。

さらに3年目は教室を2倍の32坪に拡張し、定員を倍増。2500万円くらいの売上になりました。ただし生徒を増やすにあたって講師を1人雇っているので、私の手元に残った利益は2年目とそれほど変わりません。

大きく稼ぐといっても、『ひとり学習塾』は数億円の売上を目指すビジネスではありません。年収1000万円以上をコンスタントに稼げるようになるイメージです。

年収1000万円に到達したら、そのまま塾長兼講師として続けるもよし、多店舗展開したり、フランチャイズを始めたり、もっと大きく稼ぐことも可能です。

自宅の一室から始められるビジネスとしては、夢があると思いませんか？

安心と信頼の個別指導&成績を上げるための集団学習

本書では独立して塾経営を始めようという方に、『ひとり学習塾』の塾長による個別指導塾」の形態をおすすめしています。

一人ひとりの学力に合わせた授業をできることが個別指導のメリットですから、集団指導の塾のように授業についていけなくなる生徒は出ず、真面目に先生の授業を聞いていれば成績は上がっていく印象があります。

しかし、実際にはそういきません。

単純に授業をして生徒に教えているだけでは、「日本一成績の上がる塾」はつくれません。

肝心なのは、生徒に自分で問題を解かせることです。

【ひとり学習塾1年目の収支】

開業資金 （16坪の教室の賃貸料など）	**1,200,000円**
1年目の売上	**8,000,000円**
1年目の経費	**2,000,000円**
1年目の利益	**6,000,000円**

●1年で初期投資の5倍の収入となった！

【ひとり学習塾2年目の収支】

2年目の売上	**15,000,000円**
2年目の経費	**2,000,000円**
2年目の利益	**13,000,000円**

●2年目で大企業の部長並の収入を達成！

【ひとり学習塾3年目の収支】

3年目の売上	**25,000,000円**
3年目の経費	**12,000,000円**
3年目の利益	**13,000,000円**

●教室を2倍にして、塾生を倍増し、講師を雇用

一言で言ってしまえば、塾に来て問題演習（自習）をしてもらうことが重要なのです。

「自習させるだけで本当に成績が上がるのか？」

「自分で勉強するなら、塾に行く必要はないんじゃない？」

などの反応が返ってきそうですが、私の塾はこの方針でほとんどの生徒の成績を爆上げしています。

「ここまで成績が上がったからあとは自分でできる」と考えて退塾する生徒もたまにいますが、そのような生徒は例外なく成績がガタ落ちします。

不思議に思われるかもしれませんが、これは事実なのです。

では、いったいどのような指導を行っているのか、簡単にご紹介しましょう。

先述のように、私の塾は普段の授業では個別指導方式を取っています。

個別指導といっても、私1人で1〜3人程度の生徒を見るという、一般的なスタイルではありません。同時に5〜7人を指導します。

とは言え、学年やレベルの違う5人に同じ授業をしても意味がないので、生徒の一人ひとりに合わせて解説を行います。

個別指導では、授業中にホワイトボードや黒板に板書をするのではなく、あらかじめ私が板書するべき内容をノートにまとめておいた「板書ノート」というものを生徒に見せながら、1、2分ほどで解説を行います。

その後、板書ノートの内容を生徒の自分のノートに、そのままそっくり写してもらいます。その間の時間を使って、私は他の生徒に解説をします。

はじめの生徒のノート写しが終わったら、塾用教材の指定問題を解いてもらいますが、その間も、他の生徒に解説します。

問題を解き終わったら答え合わせをして、間違えた問題の解説を行います。

この一連の流れを繰り返すのが通常授業です。塾長のスキルによりますが、まずは2、3人同時指導をしてみて、もっとできそうだと思ったら徐々に人数を増やしていくと、その分収益が増えていきます。

もっともこの個別指導のスタイルについて言えば、同じような方法を取り入れている塾もあるかもしれません。

その観点で言えば、私の塾と他の塾との最大の違いは、普段の個別指導ではなく、定期テスト前に生徒全員を集めて実施する「100時間勉強マラソン」という指導にあります。

生徒全員を集めて授業をすると言っても、こちらが一方的に話をするのではありません。個別指導と同様、解説1割、演習8割、確認テスト1割といったスタイルです。

実施方法としてはまず、塾生の中で同じ学年を小集団で理科・社会の単元解説を行います。その後に、私がつくった、解答よりも詳細な解き方の解説を元に、塾用ワークを1ページずつ完璧にして、ひたすら確認テストを受けていきます。終了した確認テストをスタンプラリーのような形で毎日掲示していくので、塾生同士で、ライバルのような競争意識が芽生えているときもあります。

スタンプラリーといっても、遊びではありません。

生徒たちは、100時間勉強マラソンの実施期間中、平日は3時間以上、休日は7時間机に向かって勉強するのです。

詳細は114ページ以降で説明しますが、この100時間勉強マラソンこそが、私の塾が「日本一成績を上げる塾」である所以です。

普段の個別指導で地力を蓄え、100時間勉強マラソンで一気にスパートをかける。

これが私の塾での指導法です。

教育業界で3年以上の経験がある人なら『ひとり学習塾』の塾長が一番おすすめ

どれくらいの経験があれば、自信を持って『ひとり学習塾』を開業できるのでしょうか？

目安としては、塾講師や学校の先生として3年以上勉強を教えた経験があれば十分です。

塾講師の場合、3年ほど勤めると、教室長になるのが一般的です。

どこの塾も、売上を拡大するためにどんどん新しい教室を開いていくので、必然的に、教室長というポジションが増えていくのです。

教室長に任命されるということは、一つの教室を運営するスキルが認められているということです。

大手塾の場合、その看板で集客できている面もありますが、塾運営の実力は確実に身についているでしょう。

組織的には、教室長の上にさまざまな役職者がいますが、保護者にとって教室長は教室でトップの責任者です。

「この人なら子どもの成績を上げてくれるはず」という期待と、それに応える責任を一身に背負っているのです。

それは、『ひとり学習塾』の塾長でも同じです。

そうであれば、自分で塾を運営した方が自由度が増し、収入も増えます。

学校の先生も同様で、3年ほど勤めると中堅と見なされます。知り合いの先生に聞いたところ、おおむね3年ほど勤めると人事異動がかかるそうです。それは教育者としての実力を認められた証とも言えます（業者との癒着を防ぐという意味もあるようですが）。

ただし、3年間、勉強を教えたことがあるという経験と同じくらいに大切なことが、生徒や保護者から信頼されているということです。

何の仕事でも同じですが、自分が信頼できない人に、頼みごとをしようとは思わないでしょう。まして、勉強の成績は、子どもの将来を左右しかねない重大なことです。

自分が信頼されているかどうかは、生徒や保護者からどのくらい相談を受けたことがあるかによってわかります。

「この人に相談すれば、困っていることが解決できる」と思われることはすなわち、信頼の証だからです。

その意味では、3年以上の塾講師や学校の先生の経験はあっても、生徒や保護者からほとんど相談を受けたことがないという人は、もうしばらく独立は待ったほうがよいかもしれません。独立しても集客できなければ意味がないからです。

3年以上の指導経験があり、生徒や保護者からの信頼が厚い人。そのような人こそ、今すぐにでも独立するべき人と言えるでしょう。

月謝は前払いにしてキャッシュフローを安定させる

「黒字倒産」という言葉があります。

帳簿上の利益は出ているのに、資金繰りがうまくいかないために支払いができず、倒産してしまうことを指します。

倒産した企業のうち、本当に赤字だったのは全体の6割程度と言いますから（2022年、東京商工リサーチ調べ）、4割は黒字倒産というわけです。

しかし塾経営では、実は、資金繰りがうまくいかなくなるということはあまりありません。授業料を前払いで受け取り、必要な支払いはそこからしていけばよいからです。

そこが経営面で、塾と一般企業の大きな違いかもしれません。

私の塾では、当月の授業料は前月末までに銀行引き落としで払ってもらいます。

7月分の授業料は6月末までに入金されるわけです。

主な経費である家賃は当月に引き落とされます。

そのため「受け取りが先、支払いは後」という流れができます。必要な売上を確保してさえいれば、資金繰りに詰まることはありえないのです。

なぜ前払いにしているかというと、授業料の未納を防ぐためです。

当月払いにしていると、退塾した人がその月の授業料を払わない「食い逃げ」状態になることがあります。

そういう私も、開業した当初は当月払いにしていました。その初年度に退塾した2〜3人の授業料が、いまだに未納になっています。督促する手間と精神的な負担を考えて、放置していますが。

そんなことがあったので、前払い制に変更したのです。

もし残高不足で引き落とせなかった場合はすぐに保護者に連絡し、入金を確認できるまで授業はしません。

ちなみに、銀行引き落としにしているのは、安全かつコストがかからないからです。

現金でのやり取りにすると、忘れる、なくす、盗まれる、使い込むといったトラブルが起きることがあります。

またクレジットカードでの引き落としもありますが、手数料が3%ほどかかります。2万5000円の月謝であれば750円ですが、もし40人の生徒全員がクレジット払いにしたら、それだけで手数料は3万円。生徒1人分以上の損失です。

この手数料はまさに不要なコストだと思うので、私はクレジット払いも導入していません。

また、授業料だけでなく、教材費も前払いで受け取るべきです。

塾を経営していて、最も支払い額が大きくなるのは3月です。1年分の教材を仕入れるので、それだけで100万円くらいかかります。

教材の購入費は授業料とは別ですが、これも前月である2月末に集め、業者には3月に支払っています。

そのためやはり、出ていくお金のほうが多いという事態は発生しません。

『ひとり学習塾』の運営では、極力、身銭を切らず、「受け取ってから支払う」ことを意識しましょう。

なお最近では、授業料が割引になる、１年間や半年間といった長期の支払いが可能な塾もあります。

ただしこの方法では資金管理能力が求められるので、経理の専門スタッフがいない『ひとり学習塾』の場合は、あまりおすすめしません。

第3章

ゼロからわかる、塾をつくって売上を伸ばすノウハウ

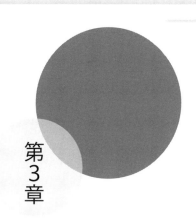

開業資金120万円の使い方

ここまでの章では、『ひとり学習塾』のメリットをいろいろな角度からお伝えしてきました。「これなら自分もやってみよう！」と、その気になってきた方もいるのではないでしょうか？そこでこの章では、より具体的な『ひとり学習塾』開校のノウハウを紹介していきます。

まずは開業資金としてどのくらいの金額が必要か考えてみましょう。

開校時には教室として使う物件を借りたり、机や椅子、その他の備品を揃えなければならないので、ある程度の出費は覚悟する必要があります。

とは言え、開校時はお金に余裕がないのが普通ですから、できるだけ出費は抑えていくべきです。

先にお伝えしましたが、私が2016年に開校したときには、いろいろとがんばった結果、120万円で一通りの準備ができました。そのことを人に話すと「よくそのお金で塾を開けましたね！」と驚かれることがあります。

確かに、私自身よくここまで抑えられたなと改めて思ったりもしますが、これから開校する場合は、もう少し必要になると思います。当時よりも確実に物価が上がっているからです。

また、開業資金の大半を占める物件取得費は、地域によって大きく差が出ます。特に都心部に近くなると、かなり高くなるのではないでしょうか。

そのことを考えると、立地や規模にもよりますが、物件を借りて開校する場合には、２００万～３００万円くらいは必要になると考えておくとよいでしょう。

少し前置きが長くなりました。

では私は１２０万円をどのように使ったのか、その内訳と詳細を説明します。お金の使い方に優先順位をつける参考にしてください。

１２０万円の使い方

・物件取得費　80万円
・看板代　15万円
・机とイス　３万円

・コピー機　２万円
・その他備品など　20万円

各項目がどのようなものか、説明していきましょう。

物件取得費

家賃が10万円、保証金が６カ月分、仲介手数料が１カ月分で、合計80万円です。

家賃の予算は10万円と決めていました。月々の固定費をなるべく抑えて損益分岐点を下げておくことで、生徒が少なくなって売上が下振れしたときでもしのげるだろうと考えたのです。ただし、家賃は場所によってかなり差があります。私が選んだ場所は名古屋市の郊外で、当時は土地40坪の新築一戸建てが３０００万円くらいという相場感でしたが、駅近や都心であれば、２倍、３倍とかかるかもしれません。

家賃のこともさることながら、物件の選定で外せないのは、１階にある、いわゆる「路面店」であることです。２階、３階といった空中階ではなかなか人の目は届かず、せっかくチラシ広告を見て興味を抱いて見学に来た人がいても、見つけてもらえない可能性があります。

また1階にあれば、塾を開いているだけで宣伝効果があります。賃料はなるべく低いほうがいいのですが、これだけは譲れません。

ただし、１階であればどこでもいいのかというと、そうではありません。立地の選定方法については、後で詳しく説明します。

看板代

「看板なんてなんでもいいだろう」と思われるかもしれませんが、校舎を飾る看板代は、ケチってはいけません。

看板は、なるべく大きくて派手なものにしてください。居酒屋やラーメン屋のような飲食店の看板は、派手で目立つものが多いですが、それは、人間はきらびやかな看板を見ると、流行っている店だと感じるからです。

１階の教室入り口の正面に、一目で読める視認性のよい看板を、でかでかと設置しましょう。

そのような看板の制作費は、普通は30万円くらいが相場です。それなのに私が15万円で看板をつくれたのは、知人の看板職人に頼んだからです。このようなケースはそうそうないかもしれませんが、看板に限らず、知人・友人にお願いできそうなことがあれば、遠慮なく声をかけてみてください。

ちなみに2年目に増床したときに同じ大きさの看板をつけてもらったのですが、そのときは相場通りの30万円でした。

机とイス、その他備品

机やイス、コピー機などは、すべて中古で揃えました。机は会議用の長机で、安いものは1台500円。イスも1脚100円程度です。

ただし、いまは物価が上がっているので、当時の2・5倍くらいの値段になっています。世の中の流れとして、これからもっと上がるかもしれません。

なお中古で買ったので、机もイスも統一感がなく、色や形はバラバラです。しかしそれは、生徒の成績アップに何の影響もありません。

まとまりのあるキレイなイスを買い揃えるのは、儲かり始めてからで十分です。まだ1円も儲かっていない開校時は、できるだけ出費を切り詰めるべきです。

塾を経営している知り合いは何十人もいますが、やはり初期投資を抑えている人ほど、成功す

【私の開業資金120万円の内訳】

物件取得費	800,000円
●家賃（10万円） ●保証金6カ月分（60万円） ●仲介手数料1カ月分（10万円）	
看板代	150,000円
●制作代（15万円）	
机やイス	30,000円
●中古品（3万円）	
コピー機代	20,000円
●中古品（2万円）	
その他備品代	200,000円
●中古品がメイン（20万円）	
合計	1,200,000円

［ここがポイント］

できるだけ初期投資は抑えよう！

る割合が高いと感じます。

教室は16坪で最大50人入るのが理想

個別指導塾が抱えている生徒数の平均は30〜40人くらい。流行っている塾で50〜60人という規模感になります。

開校2年目のとき、私の塾には50人ほどの生徒がいましたが、年収1000万円を狙っていくのであれば、生徒数はそのくらい必要になります。

月謝が2万5000円で50人だと、1ヶ月の売上は125万円。さらに、講習やテスト対策費などを含めると売上は1500万円前後になり、これなら年収1000万円はほぼ達成できるはずだからです。

では50人を収容するためには、どれくらいの広さが必要になるでしょう?

人によって空間に求める快適さが違ってくるので一概には言えないのですが、最低でも16坪はほしいところです。飲食店の席数でいうと20〜30席くらいでしょうか。

私の場合、その想定どおりに16坪でスタートしました。

中学生のテスト時期には、125ページで紹介する「100時間勉強マラソン」と銘打った集団学習を実施するので、40人くらいがここに集まります（50人というのは、小学生も含めた人数です）。正直なところ、きつく感じる生徒もいるかもしれません。

でも、その混雑具合がかえっていいのです。

人が密集しているほうが、生徒は熱気を感じて集中力が沸くからです。

一方、テスト対策以外の通常個別授業は、50人のキャパシティーに5人なので、スペースとしてはかなり余裕があります。「だったら個別指導だけやれば、もっと小さいスペースできるのではないか」と思われるかもしれませんね。

余談になりますが、実は集団指導を行うことは、集客面で大きな効果があります。

私の塾の目の前には広い駐輪場がありますが、個別指導のときは生徒の自転車が最大でも5台しかとまりません。正直なところ、なんとなく寂しい感じがします。

しかし集団授業のときには、一度に20台以上の自転車がとまります。

この大量に並んだ自転車は、通りすがりの子育て世代や説明会に来てくれた人に、「この塾はとても流行っている」という印象を与えることができ、格好のアピールになるのです。

いまは32坪とキャパシティーを倍にしたので、テスト対策時には最大で60台くらいの自転車が並んでいます。まさに圧巻です。

先ほど立地を選ぶ際に「単に道路に面しているというだけではダメ」というお話をしましたが、自転車がずらりと並ぶ壮観な様子は、塾の建物の前に広い駐輪場があるから実現できたことです。

このように「道路に面している物件」であっても、立地や周辺の条件によって集客の可能性は大きく違ってしまいます。

次に、その立地についてお話していきましょう。

1 駐輪場が建物の前にあること

駐輪場の話の続きになりますが、駐輪場は建物の横ではなく前にあることが重要です。

なぜなら、通りかかった人が、塾の看板と正面玄関・駐輪場の様子を一度に見ることができるからです。

建物の横に駐輪場があっても、停まっている台数までは瞬時にわかりません。

しかし建物の手前に駐輪場があると、その奥行を見れば、大量の自転車があることが一瞬でわかります。繁盛している人気塾ということが一目瞭然です。

2　正面玄関はガラス張り

建物の正面はガラス張りがいいでしょう。外から中が見えるようにするという意味ではありません。ガラスの内側から、実績やキャッチコピーなどアピールポイントを大量に張り出せるからです。

たまに玄関が引き戸など、掲示ができないタイプもありますが、おすすめしません。

3　前面の道路が広く、中央分離帯がないこと

塾が面している道路には、中央分離帯がないほうがいいでしょう。反対車線のクルマが塾の看板を見て関心を持ってくれても、中央分離帯があると、右折できません。

もっとも実際には、中央分離帯を挟んだ反対側の道路を見ることはあまりありません。問題はむしろ、せっかく看板にお金をかけても、見てくれる人は半分になってしまうということです。

実際、私の塾のすぐ近くに、中央分離帯がある道路に面した塾が4軒あったのですが、すべてなくなってしまいました。盲点かもしれませんが、塾が面している道路の形態が集客に与える影響は大きいのです。

また、同じ道路を選ぶのであれば、交通量が多く、渋滞しがちなメインストリートがベストです。

信号の手前に位置していれば、なおいいでしょう。

信号があれば渡って来やすいですし、信号待ちしている間に看板を見てくれます。自転車で近所を行き来する子どもたちと、車通勤をする保護者の、両方にアピールできます。

要は、物件選定のポイントは、「行ってみよう」と思った時に見つかりやすく、すぐにたどり着ける場所にあることです。

人間心理として、よほど「この塾に行きたい」という熱意がない限り、見つけにくい、または行きにくい場所にあると、行くのをあきらめてしまいます。

散歩がてら、ふらっと寄れるような場所だとベストでしょう。

4　近くにコンビニやスーパーがあること

もうひとつのポイントは、近くにコンビニやスーパーがあることです。

コンビニのお客さんが看板を見てくれますし、そもそも、コンビニは人通りがある場所を選んで出店しています。つまり、コンビニがある場所は人が集まりやすい場所なのです。

また、コンビニやスーパーがあれば、迎えに来た保護者がそこで時間をつぶすことができるのも、有利な点です。

●物件選定条件のまとめ

まとめると物件選定の条件は以下のようになります（◯は特に絶対譲れないポイントです）。

・道路に面した１階◯
・正面に看板を設置できる◯
・正面がガラス張りで、ポスターなどを貼れる

・物件の手前に十分なスペースの駐輪場がある◯
・前面道路は渋滞しやすいメインストリート
・前面道路に中央分離帯がない
・信号のある交差点の手前
・近くにコンビニかスーパーがある

テナント物件は、一度入居したら簡単には引っ越しできません。集客に強い物件を慎重に選びましょう。

『ひとり学習塾』の開業エリアは必ず中学校の近くにする

いままでお話してきたように立地の選び方は細かい点が多いですが、そもそものエリア選びの条件はシンプルです。学校の近くにあることです。

中学生がメインの塾であれば、ひとつの中学校の近くにエリアを絞ります。

「2つの中学校の間にある場所なら、両方に通う生徒を取り込める」と考える人もいるかもしれませんが、それは違います。

「塾が遠いからやめます」という生徒が出てくるからです。

特に女子の場合「夜遅くに自転車で帰るのは危ないから」という退塾理由をあげる生徒がいますが、私に言わせてもらえば、本当の理由は「塾が自分に合わない」だけです。

塾が遠いというのは、親に対する言い訳でしょう。

このような退塾理由は、一つひとつ潰していかなければなりません。

中学校の近くにある塾ならば、中学校には毎日通っているのに、塾には行けないというのは話が通りません。その結果、「塾が遠いから」という理由で退塾する人がいなくなります。

また通学路にある塾なら、普段から見かけるので、親しみが湧きやすいというメリットもあります。

複数の中学校の生徒を狙おうなどと欲張ったことはせず、ターゲットはひとつの中学校に絞ってください。

実際、私の塾では、中学生のうち7割は同じ中学校の生徒です。

残り3割の生徒は口コミを聞いて少し遠いところから来てくれているのですが、私はボーナスのようなものだと考えています。結局、通うのが大変になって自宅近くの塾に転塾したり、保護者の送り迎えができなくなって退塾したりということが起こりがちだからです。

チラシは自分でつくって新聞折込で配付

続いて集客方法です。

チラシには一定の効果があるので、開校当初から数年間、最もよく利用していました。

配布地域は、塾の近くにある中学校の学区で、新聞販売店に依頼し、「全域配布」という方法でまいていました。

普通の新聞折込広告だと、新聞を取っている家庭にしか届きませんが、全域配布だと、指定エリアのすべての世帯にポスティングしてくれます。私が依頼していた新聞販売店では、第2・第4金曜日の月2回配布していました。

新聞販売店に依頼したのは、コストが安くてリスクも少ないからです。印刷単価は1枚当たり（両面カラーA4サイズ）で1・5円ほど、配布単価1枚あたり3円弱でした。他のポスティングサービスでは印刷と配布で10円くらいかかるので、新聞販売店に依頼すれば半額ほどです。

ちなみに自分で配布すると、「こんなチラシをうちのポストに入れるな」というクレームが直接来ることがあります。

皆さんの近所にも同じようなサービスがあるならば、印刷・配布は外注したほうが、費用と手間の両方の面で得です。

ただし、デザインについては、私は自分でやっています。

開校当初は「餅は餅屋」ということでデザイナーに外注していたのですが、こちらの要望がなかなか伝わらず、いつも不完全燃焼で終わっていました。

そのため、私自身、デザインはまったくの素人でしたが、ソフトを買ってスキルを身につければ、思い通りのものが早くつくれるだろうと考えたのです。

当初はまだ生徒数が少なかったので、１日中チラシのデザインに没頭していた日もあります。

最初はお世辞にも上手と言えないものでしたが、自分でやればさまざまなデザインを量産できます。その結果、反響のあるものを残していくと、集客しやすいベストのパターンができました。

デザイナーに外注すると1件につき10万円くらいかかります。売上も手元資金もない状況で、何回もこの金額を負担するのは厳しいです。開校初期は「もったいない精神」で、自分でやれることはやってなるべくコストを抑え、少しでも多くの利益を残すべきです。

ちなみにチラシの効果ですが、私の場合は、1万枚配ると5件の問い合わせが来て、そのうち1〜3人が入塾するというところです。

単価4・5円で1万枚配ると、広告費用は4万5000円。1人入塾してくれたら年間の授業料は30万円になるので、費用対効果は十分に大きいものといえます。

開校初期から生徒が満員になるまでは、積極的にチラシ配布を活用していくとよいでしょう。

入塾説明会は必ず個別対応

入塾説明会を集団のセミナー形式で行う塾は多いと思います。日付を指定して5人〜20人くらいの保護者を集め、説明会の後に申込書を配り、入塾希望者を募るという流れです。

私は、このような集団形式の説明会はやっていません。必ず個別相談の形で行うようにしています。

集団形式は一度に複数人の対応ができるので、時間と手間がかかりませんが、大きなデメリットがあります。入塾も退塾も〝連鎖〟しやすいことです。

説明会には、ママ友や知り合い同士などが連れ立って来ることが多いため、１人が入塾しないと他の人たちも同調して入塾しないということがあります。

逆に、１人が入塾すると他の人たちも入塾してくれることがあるので、一気に生徒が増える可能性がありますが、その後のことを考えるとリスキーでもあります。

１人が退塾すると、連鎖的に何人もの生徒がやめてしまうことがあるからです。これは塾にとっては大きな痛手です。

個別相談形式であれば、入塾も退塾も他の家庭に影響されることは、ほとんどありません。

また、一人ひとりに丁寧に対応している印象があり、「あなたのお子さんに本気で向き合ってます」というアピールになります。

そう感じてもらうためにも、私は、入塾説明会には1時間程度をかけます。

集団形式のように、こちらが一方的にしゃべるのではありません。主に行うのはヒアリングです。保護者の悩みや普段の勉強への取り組み方、子どもの学力状況などを、細かく聞いていきます。

保護者の話に親身に耳を傾けていると「この塾長は、子どものこともしっかり見てくれるだろう」という印象を与え、自然とファンになってくれます。

このような、一人ひとりを丁寧に見てくれるという信頼感は、集団形式の説明会では絶対に生まれません。私の塾は現在8年目ですが、初年度に小学校1年生で入塾して現在も通ってくれている生徒が3人ほどいます。入塾説明会で得た信頼感が要因の一つではないかと思っています。

では、そのような信頼感を得られる入塾説明会とはどのようなものか、具体的に説明しましょう。

まず参加者は、生徒が小学生の場合、保護者だけでも構いませんが、中学生以上の場合には、必ず本人もいっしょに来てもらいます。

説明会当日は、最初にアンケートシートを渡し、以下の項目に回答してもらいます。

・住所、電話番号、名前などの連絡先

・行きたい高校
・将来の目標
・現在の成績
・1日の勉強時間
・今まで通っていた塾
・他にやっている習い事（スケジュール調整の参考にするため）
・平日は家で何をしているか
・テスト前の休日は何をしているか
・当塾を知ったきっかけ
・当塾に何を期待しているか（チェック項目にしています。「勉強の方法を教えて欲しい」「勉強向きの環境が欲しい」「モチベーションアップ」「点数を上げてほしい」「安心感」など）

ほとんどの人がすぐに書いてくれますが、まれに「個人情報は書けません」という人もいます。そういう人はこちらからお断りします。後々トラブルになる可能性が非常に高いからです。

そして、記入してもらったシートをもとに、生徒の人となりや日常生活について詳しく話を聞いていきますが、中学生の場合、生徒と保護者の関係が重要なポイントになります。

なぜなら、親子関係が悪いと成績が上がらないからです。

それを知るために、中学生の入塾希望者の面談は、保護者だけでなく本人の同席も求めているのです。

たとえば反抗的で、保護者が何を言っても聞かないような態度だったら、塾ではもっと聞かないでしょう。反対に普段から保護者が子どもをよく見ており、信頼関係がある家庭では、子どもは自主的に勉強します。そこを塾としてサポートすることで、爆発的に成績が上がっていくのです。

たまに「ウチの子は全然勉強をしないのですが、塾に来ればやる気を出させてもらえるのでしょうか」と尋ねられることがありますが、塾がすることは、やる気のある生徒の成績を伸ばすことです。

親子関係が良くなく、勉強する意欲のない生徒を入塾させると、必ず塾内にマイナスの雰囲気が漂いはじめます。

面談を通じて問題のある親子だなと感じたら、たとえどんなに入塾者がほしい状況であっても、断る勇気を持つべきです。

余談になりますが、私の塾には明文化していないウラの入塾条件があります。

それは親に感謝できるかどうかです。

反抗的な子どもの場合は、「塾なんてものは贅沢品だ。通いたくても通えない子もいる。まず親がいること。その親が、あなたのためにわざわざお金を払ってくれることは、ありがたいことなんだよ」と伝えます。

すると「そこまで言ってくれる人はいません」と泣き出すお母さんもいます。そして保護者と私の間にも信頼関係が生まれていきます。

面談後には、体験授業を実施します。体験授業で、実際に生徒の様子を確認するのです。

そのときに、挨拶や返事ができなかったり、こちらから何を聞いても話をしてくれなかったりと、基本的なコミュニケーションが成立しない場合には、入塾を断ります。

先述のように、問題のある生徒のよくない行動は教室内に伝播してしまうからです。

「お客様は神様です」と言われますが、塾業界ではそれは当てはまりません。

自分の塾にはどのような生徒に来てほしいのか、そして入塾を希望している生徒は自分の塾にふさわしいのか。

しっかりと見極めてください。

あえて学力の低いエリアを狙って開校する

「ランチェスター戦略」をご存じでしょうか?

経営理論の一種で、一般的には「弱者が強者に勝つための戦略」として知られています。

私もこの「弱者の戦略」に基づいて、開校する場所を決めました。

集団指導方式の大手塾の開校戦略は、学力が高く生徒数が多いエリアを狙うことです。「上位校への合格者数」という進学実績こそが最大のアピールポイントだからです。

そのため、進学実績を出しにくい、学力が低いエリアに新規開校することはありません。

そのような学力が低いエリアこそが、資金力に劣る個人塾が狙うべき場所です。

「生徒数が多くて比較的学力の高いエリアのほうが集客しやすいんじゃないか？」と思うかもしれませんが、『ひとり学習塾』の場合には、それはありえません。

大手塾が莫大な広告費をかけ、大きな網でごっそりと生徒を持っていってしまうような場所で、実績も資金力もない個人が細々と集客を続けても、残念ながら塾経営を維持するために必要な生徒は集められないのです。

「それはそうかもしれないけれど……。学力が低いエリアの生徒なんて勉強するのか？」

そう感じる方もいるかもしれません。

大丈夫です。

彼らの学力が低い理由は、単に勉強する習慣がないからです。

勉強を習慣化すれば、驚くほど集中して机に向かうようになります。

私の塾がある学区では、ヤンキーや不登校が多く、そもそもテストを受けていない生徒が200人中50人くらいいます。

その中でも、やる気がある子は勉強する習慣さえ身につけば伸びます。

それに、もともとの点数が低いので、伸びシロが非常に大きいという特徴もあります。いま上位にいる生徒をさらに上位にするよりも、簡単です。定期テストで100点アップ、200点アップというわかりやすい実績ができれば、強力なアピールポイントになるでしょう。

中学校のレベルであれば、勉強時間さえ確保すれば大幅に成績は上がります。

ただ、成績の低いエリアならなんでもいいかと言えば、そうではありません。開校を考えている場所に、すでにFCの個別指導塾があるかどうかは、重要な選択ポイントです。

中学校の近所にそのような塾が一つもないということは、現代では考えづらい状況です。もしも開校を考えている場所がそのような状況だったとしたら、塾に通う生徒はほとんどおらず、過去にあった塾もすべて撤退してしまったということでしょう。

つまり塾のニーズがないということで、そのような場所では生徒は集まりません。

私が開校した場所にはFCの個別指導塾が7件ほどありました。

そのエリアで7件というのは、そこそこの数です。ということは、ある程度の市場があるということです。

FCの個別指導塾であれば、同じ弱者の戦略を取る者同士、対等な勝負ができます。

こちらが実績を上げたり、他を上回るサービスを提供したりすれば、転塾してもらうことができます。

強者と競わず弱者と戦う。これが、私が実践している、塾業界におけるランチェスター戦略です。

保護者の背中を押すキラーワードがある

セールスの現場では「いまだけの価格です」「先ほど、別の方が急いで購入されました」など、背中を押す一言があるそうです。

塾業界にも、早めの入塾決断を促すキラーワードがありそうですが、私は、入塾は急かさないことが大切だと考えています。

実際に私は、入塾説明会で1時間のヒアリングを行ったら、最後に、いったん持ち帰ってよく考えることをすすめます。

営業トークのように「早く始めたほうがいいですよ」「(いま、ここで決めてほしいと言わんばかりに見つめて）どうされますか？」などとグイグイ行くのは禁物です。

なぜなら、決断を本人と保護者に委ねたほうが、結局は入塾率と継続率が高くなるからです。


入塾説明会では、どうやって成績を上げるかという説明ももちろんしますが、私は勉強することの大変さも伝えます。

テスト前は100時間必ず勉強する。大量の確認テストをすべて正解するまで解く。できないのであれば成績アップは約束できないし、そもそも塾に来る意味はない。そこまで言います。

ここまで話をすると「ここに通えば確実に成績アップはするだろうけど、勉強について行けるか心配」と尻込みする生徒や保護者も少なくありません。

このような迷いのあるときに、その場の勢いで入塾を決めても、長続きせず、結局退塾することになってしまいがちです。


だからこそ「ここで決めずに、いったんお帰りになって、私がいない状況でよく話し合ってください。それでお子さんが「がんばれる」というのであれば、体験授業をやってみましょう」と伝えているのです。

人間は、自分で考えて納得した結論は、なかなかひっくり返すことがありません。

悩んだ末に入塾を決めてくれたのであれば、塾のメリットを強く感じたということです。自分で考えることによって、「いい塾だ」という結論を、自分自身でより強く支持するようになります。そのため塾への信頼も高まり、入塾後にやめる確率が下がります。ちょっとした相談なども電話ですぐにしてもらえるようになり、ますます関係性が良くなります。

大手の集団進学塾では、説明会のあとにそのまま入塾の受付となることが多いので、本当に子どもに合った塾かどうか判断するのは難しいのではないでしょうか。

「家族でよく話し合って、お子さんが「やりたい」と言ったら、連絡をくださいね」

冒頭の話に戻れば、これが背中を押すキラーワードと言えるかもしれません。

月謝の設定は開校地域の特性に合わせる

価格設定は経営の手腕が問われるポイントです。高すぎても生徒が集まりませんし、低すぎると経営が圧迫されます。

実は、月謝の設定をするための簡単な計算式があります。

それは「半径2キロ以内にある競合の塾の月謝の平均値×0・9」、つまり「平均月謝の1割引」ということです。

対象とする競合の塾は、個別指導と集団指導を分け、自分の塾が個別指導であれば、2キロ圏内の個別指導塾の平均値を出すわけです。

ちなみに「2キロ以内」とするのは、生徒の足である、自転車での行動範囲がおよそこのくらいだからです。

車であれば商圏は半径5キロまで広がりますが、最近は共働きの家庭が増えているので、送り迎えはあまり期待しないほうがいいでしょう。

この条件で調べると、私の場合は、全国区の大手個別指導や老舗、地元の集団指導など、バラエティーに富んだ9件ほどの塾がありました。

実は私はここで、ただ単純に個別指導塾の平均値を出すのではなく、ひと工夫しました。

個別指導塾でありながら、集団指導塾を競合に設定したのです。というのも、個別指導塾が基準になると、どうしても集団指導塾の月謝の１・５倍〜2倍くらいになってしまうからです。「個別指導塾なのに集団指導塾並みの月謝」であれば、より手厚いサービスの個別指導塾を選ぶのが自然です。

すると、半径2キロ以内の集団指導塾の平均が2万５０００円弱だったので、通常の月謝はほぼ同額の2万５０００円にしました。

私はこのようにして「少しだけ安く感じられる月謝」にしましたが、過激なディスカウント価格はＮＧです。

近所に、自習型の集団指導スタイルで、1時間あたり５００円という破格の料金を設定している塾がありました。月謝に換算すると1万円弱くらいです。

それだけ安ければさぞ生徒が集まっただろうと思うかもしれませんが、わずか半年で廃業しました。

そもそも採算が合わない価格設定だったということもありますが、おそらく安かろう悪かろうのイメージがついて、集客に苦労したのではないかと思います。**「安ければ生徒が集まる」という考えは危険です。**

「学力が低いエリアは、月謝の相場も低いのでは？」と考える人もいるかもしれませんが、私はあまり関係ないと思います。

確かに親の経済力と子どもの学力は比例するという調査もありますが、塾のエリアとはあまり関係ありません。必ずしも学力の低い地域の世帯収入が少ないわけではないからです。

根拠のない考えに基づいた、過度な安売りは禁物です。

1年目、2年目、3年目の事業計画を立てる

開校にあたっては、まず3年分の事業計画をしっかり作ることをおすすめします。

ここをなんとなく進めてしまうと、行動に甘えが出てくるだけでなく、行き当たりばったりの不安定な経営になってしまいます。

開校当初の勢いや高いモチベーションはなかなか長続きしません。

そのようなメンタルに頼った経営ではなく、正しいと確信した計画に基づいて、やるべきことを一つひとつやっていくことが大切です。

レベル的には、金融機関の融資担当者を説得できるような、スキのない事業計画書を作ること

が大切です。

物件選びの基準から、集客の方法や授業内容、月謝の価格設定や、月謝以外の部分でどうやって収益性を高めていくかなど、売上について明確な根拠がないと、金融機関の担当者は納得してくれません。このような説得力のある事業計画をつくることで、現実的なシミュレーションができるのです。

そして融資の審査に通るということは、お金のプロがあなたのビジネスを認めてくれるということになります。自信を持って経営に取り組むことができます。

売上や利益の試算は、エクセルの関数を使って、前提の数字を変えるとシミュレーション結果が自動計算されるシートをつくっておくと便利です。

集客がうまくいくパターンやダメなパターン、講習をやるパターンとやらないパターンなど、さまざまなパターンを想定して試算してみてください。

シミュレーションを重ねていくと、売上が1000万円を超えるのは意外と簡単だという感覚が芽生えると思います。

私の事業計画は、簡単に書くと以下のようなものでした。

1年目　売上　700万円
2年目　売上　1200万円
3年目　売上　2000万円　2校目を開校

実際には1年目の売上が800万円、2年目1500万円、3年目2500万円。3年目に隣の店舗を借りて増床しています。おおむね計画通りで、売上は少し上振れした感じです。

計画の修正については、良いほうに変わるのであれば柔軟に対応しましょう。

3年目に2校目を開校せず、最初の教室を増床したのは、自分の目が届く範囲で広げたかったことや、生徒数が多い1校の方が集客がしやすいことなどが理由です。

ちなみに計画の範囲が3年間なのは、3年間で軌道に乗れば、それ以降はよほどのことがない限り、売上を維持していけるからです。3年目までに定員いっぱいになり、入塾待ちの状態になれば、あとはその状態をキープすることに専念できます。

多店舗展開やＦＣ化して拡大していくつもりなら、そのときに新たな計画を立てればよいのです。

事業計画を立てる際には、さまざまな情報やノウハウが必要になります。私も当時は塾や教室運営に関する本を読み漁りました。また、月謝の相場や統計情報などは業界紙が参考になります。また、私のように、独立して塾を開業した経験者に話を聞いてみるのもおすすめです。リアルな体験談を聞くことができると思います。

最後に、書籍と業界紙の情報を載せておくので、よかったらチェックしてみてください。

【参考書籍】

『「お客様をやめさせない」スクール＆教室運営の仕組み』水藤英司（同文舘出版）

『小さな学習塾でスタート！　立ち上げ完璧マニュアル　誰も教えてくれない学習塾の始め方・儲け方』一之瀬学（ぱる出版）

『小さくても年収１千万円を超える学習塾のつくり方　誰も教えてくれない小さな学習塾の始め方・儲け方』一之瀬学（ぱる出版）

『学校週五日制でチャンス拡大！　小さな塾なら開業費も安い　誰も教えてくれない学習塾の

始め方・儲け方』一之瀬学（ぱる出版）
『小さな会社☆集客のルール ランチェスター経営 ホームページ成功戦略』佐藤元相・著 竹田陽一・監修（フォレスト出版）
『小さな会社☆儲けのルール ランチェスター経営7つの成功戦略』竹田陽一（フォレスト出版）
『稼ぐ社長の経理力』安藤裕（アスカ）
『生徒集客BIBLE』佐藤仁（技術評論社）
『小さくても年収1千万円を超える学習塾のつくり方 誰も教えてくれない小さな学習塾の始め方・儲け方』一之瀬学（ぱる出版）
『小学生のうちに身につけたい！「勉強」のキホン』國立拓治（あさ出版）
『くにたて式中学勉強法』國立拓治（大和出版）
『代ゼミが負け、東進が勝ち、武田塾が伸びる理由』竹村義宏（幻冬舎）
『生徒に恵まれるスクール＆教室 開業・経営バイブル』佐藤仁（技術評論社）

【業界紙】
月刊私塾界 全国私塾情報センター https://www.shijyukukai.jp/news

塾のルールを決めたら遵守させる

塾を始めるにあたっては、ぜひ〝塾則〟、つまり塾のルールを決めることをおすすめします。そして必ず守らせ、守れない場合は退塾させるといった、強い態度で臨んでください。

私の塾には入塾・退塾・通塾それぞれに〝塾則〟があります。参考までに紹介しましょう。

【入塾のルール】

60分間の体験授業を行い、お互いに納得したら入塾する。

【退塾のルール】

通うのがイヤになったら電話してもらえれば、その時点で退塾。前払いの月謝のうち、授業をしていない部分については返金する。

次の通塾のルールは、生徒たち本人が守るべきルールです。

【通塾のルール】

・塾に来たら挨拶する
・返事や受け答えはしっかりする
・スマホを使うのは休憩時間だけ（勉強時間は音が鳴らないようにする）
・自転車は教室の前の駐輪場にきれいに並べてとめる
・遅刻はしない
・宿題をする

その他にも細かいルールはたくさんあります。

もし通塾のルールを3回破ったら、問答無用で三者面談を行います。それで態度が改まらなかったら、退塾してもらうしかありません。

ひとりの生徒が勝手なことを始めると、他の生徒もそれを真似します。

そして塾側が「まあこれくらいはいいか」と容認してしまうと、生徒のルール違反はどんどん拡大し、塾崩壊につながります。

先日、隣のエリアの集団指導塾で、生徒が自習中にＳＮＳの投稿をしたり、授業中にスマホを触ったりしているという噂が流れてきました。

別のエリアの競合である私の耳に届いているということは、当のエリアのお母さんたちはみんな知っているはずです。

それだけ噂は広がりやすいのです。塾にとっては死活問題です。

ルールの遵守を徹底させる目的は、塾崩壊を防ぐためだけではありません。「ルールを守って真面目に勉強している人が正しい」という雰囲気を作るためです。

退塾者が出ると、生徒たちは皆なぜやめたのか気になりますが、３回ルールのような基準を設けていると、「あの子はちゃんとやらなかったから、やめてもしょうがない」「自分たちは、ルールを守っているから大丈夫」という雰囲気になります。

塾という集団は個人の集まりです。塾で真面目に勉強して成績を上げられるか、親を呼び出されて怒られるかは、自分次第。私は塾則を通してそれを生徒に伝えたいのです。

明文化されたルールがないと、講師は裁量で注意を与えることになり、それを「自分だけ注意された」と不公平に感じる生徒もいます。生徒と講師の関係性がこじれてしまうと、もう成績アップどころではありません。

退塾勧告をすると書きましたが、さすがに直接「やめてください」とまでは言いません。

「他の生徒にとって迷惑です」

「ルールを守れないのであれば勉強以前の問題なので、当塾としても責任を持てません。成績を上げることは約束できませんよ」

宿題忘れが続いた場合に「前回やったことをできないなら塾に来る意味がない。お金がもったいない」

などと伝えます。

すると半々くらいの割合で、退塾する生徒と、生まれ変わったように勉強に打ち込む生徒がいます。

言い方ひとつで生徒を立ち直らせることもできます。

塾則をうまく活用すれば、「雨降って地固まる」的な効果も期待できるかもしれませんね。

ただし、ひとつ注意点があります。

開校当初の生徒が少ないうちは、あまりガチガチにルールを固める必要はないということです。私もまだルールの必要性を強く感じていなかったこともあって、なあなあで済ませてしまうこともよくありました。

すると「柔軟に対応してくれる塾」のような印象を与え、紹介で入塾してくれる人は増えました。しかしそのような入り口なので、ルールを守れない生徒が増え、だんだん収拾がつかなくなってきたのです。

そこで2年目に塾則の項目を増やし、運用も厳格にしました。

初年度に少し良くない状態になったのは、逆に、何をルールとして決めておくべきかを構築できたという意味でよかったのかもしれないと、今では思っています。

何がよくて何がダメなのか、わからないうちからルールをつくって厳守させようとしても、どうにも的はずれな結果になってしまうかもしれません。

生徒数が定員を超えるようになったところでルールを増やし、理想の塾運営に近づけていく流れが現実的です。

塾は勉強する場所であって、遊ぶための場所ではありません。

塾則の運用は、それを伝えるためにあります。

そうすることで、本気で成績を上げたい生徒だけが通うようになり、塾としての実績がますます積み上がっていきます。

第4章

「100時間勉強マラソン」なら5教科で254点アップできる

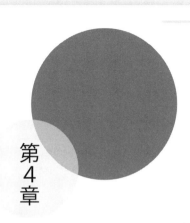

5教科で最低100点、最大254点アップする

ロサンゼルス・ドジャースの大谷翔平選手は、今でこそメジャーリーグの至宝にふさわしい活躍ですが、実はメジャー移籍当初は打撃不振に苦しんでいたそうです。

そこで、弱点を徹底的に分析して、フォームを改善。

すると、それまで最初のストライクを取られたあとは0割5分だった打率が、なんと3割6分まで向上。大幅な改善を実現しました。

私が日本一ともいえる点数アップを可能にしている授業のカリキュラムも、大谷選手のフォーム改造と同じ考え方です。

弱点を見つけ、その穴を埋め、完璧になるまで仕上げる。

当たり前といえば当たり前の方法ですが、実際にやろうとすると、効果的な方法はなかなか思いつかないものです。

そこで、私が実践しているカリキュラムについて概要を紹介したいと思います。

日本一成績をあげる塾の取り組みの一端をご理解いただけるでしょう。

基本的な授業の構成は、通常授業＋定期テスト対策のための「１００時間勉強マラソン」です。通常授業は、90分授業を1カ月に8コマ設けています。

英語と数学を各4回ずつで、基礎から応用レベルまでの個別授業です。

そして、テスト対策の「１００時間勉強マラソン」では、各教科1冊ずつ塾用教材を使って、土日に集団での自習を実施。授業でやった単元すべてについて確認テストを行います。

合格は満点なので、とにかく満点を取れるまで確認テストをやり続け、完璧に仕上げます。ひたすらボールを打ち続け、フォームを改善していく大谷選手のイメージですね。

そして、確認テストが終わった生徒には過去問集を渡して、最終的な仕上げをします。

こうして書いてみると、やっていること自体は、当たり前のことに思われるかもしれません。しかし、この基本をどこまで徹底できるかが、大きな違いを生みます。大きく飛躍するためには、基本を徹底することが重要なのです。

もう一つ得点アップの秘訣は、国語、社会、理科などの暗記科目を徹底して勉強することにあります。

生徒によって得意・不得意の差はありますが、おおむね9割の生徒は暗記科目が苦手です。
ただ、必要なことさえ覚えてしまえば、大きな得点源になるのが暗記科目の特徴です。
ですから100時間勉強マラソンでは、この暗記科目を克服できるよう、十分な時間を取っています。

一方、数学や英語のように、基礎ができていないと先に進めない積み上げ型の科目は、半年くらいじっくり時間をかけて仕上げていきます。

この方法で、5教科で100点、最大で254点という大幅な点数向上を実現し、塾は常に満席状態なのです。

個別指導でも1回の授業で最大5人まで教えられる

前の項目で、通常授業は英語と数学のみ行っていると説明しましたが、その理由は、この2つのような積み上げ式の科目での基礎学力の構築は、生徒1人ではなかなか難しい側面があるからです。

どこかの単元でつまずいたままでは、１００時間勉強マラソンでどれだけ勉強しても、テストの点数も上がりません。

しかし、20時間ほど個別指導を実施し、つまずきの箇所を見つけて対処すれば、解消されます。

そのため英語と数学では、まず生徒が自力で取り組めるだけの基礎学力を身につけることが大切であり、生徒の学力レベルに合わせた最適な内容を教えられる個別指導が必要になるのです。

学力が低い生徒であれば、点数が取れそうな問題を重点的に解きます。

「りんごの個数と代金を求める問題ならできそうだ」

「食塩水の濃度を求める問題は難しいからパスしよう」

このように、簡単な問題から優先順位をつけて、平均点を目指し、一つひとつ解いていきます。

５教科の合計で平均点＋70～80点が取れる生徒であれば、発展問題にチャレンジします。その場合、難易度に従ってＡＢＣとランク付けをして、発展問題は初めてという場合には一番難しいＣはまだ手を出さず、ＡとＢを解く、という具合に段階を踏んでいきます。

できないであろう難問に無理して挑戦するよりも、今の実力＋αで解ける問題をクリアしていくほうが、成績が上がるからです。

　このように生徒のレベル感に合わせて、学習計画を立てていきます。

　ただし、このように優先順位をつけて授業をするのは、保護者の同意を得ることが前提です。学校のテストに出る範囲はすべて勉強するのが基本ですが、塾の判断でそれをやらないことにしたのですから、「この単元は試験範囲だけれど、現在の理解度を考慮して勉強しなかった」ということは報告・相談しておかないと、トラブルの元になります。

　そのため、年2回行う保護者との定期的な面談の中では、学習計画についてしっかりと話します。

　中学生では、自分ができる範囲とできない範囲の区別は、意外とできないものです。その限界値を探り、できる範囲を広げていくのが、通常授業の役割です。

できない子には理由があるので対応方法を変える

成績下位の生徒の中で、爆発的に成績が上がる生徒となかなか上がらない生徒との違いは、どこにあるのでしょうか？

私は、問題への取り組み姿勢にあると考えています。

成績が上がる生徒は、答えを「覚えよう」とします。成績がなかなか上がらない生徒は、問題を「解こう」とするのです。

例えば、英文の日本語訳で考えてみましょう。

英語の勉強方法のひとつに、教科書を音読して英文を覚えるというやり方があります。英語の文法を感覚的に身につけたり、英語の文章に慣れたり、といった狙いがあるのでしょう。

しかし、せっかく英文を覚えても、その意味がよくわからず、「ただなんとなく知っているだけ」になってしまうことが少なくありません。このような生徒は、成績が伸び悩んでしまいます。

成績下位の生徒にとって、英文を理解するためにまず必要なのは、文法の知識でも、ましてや

「慣れ」でもありません。単語の意味を覚えることです。

たとえ文法がわからなくても、単語の意味を日本語で書いて眺めてみると、なんとなく意味がわかると思います。

単語を見て一瞬で意味がわかるくらいに英単語の知識を鍛え上げれば、ほとんどの英文は読めるようになっていきます。難しい言い回しや特殊な文法を覚えるのは、その後です。

このような〝下積み〟が、爆発的な成績アップのための勉強には欠かせません。

数学の場合であれば、ひたすらに基本となる計算や問題を解くうえで必要となる公式（球の表面積や体積、y=ax+bなど）を覚えることが〝下積み〟にあたります。

急激に成績が上がる生徒は、こういったことを無心に行います。

しかし、なかなか上がらない生徒は、公式を知らないままに、ウンウンうなりながら問題を解こうとします。

下積みがないまま難しい問題を解く。当然、間違える。解答を見る。「へぇ〜」となるだけで頭には入ってきません。解答欄を埋めるだけで満足してしまうのです。

教科書や資料集を読み漁って解答や解き方を探す子もいます。積極的な姿勢はいいのですが、答えを探すのにかける時間は無駄です。それよりもさっさと解答を見て、問題と答えを暗記してしまったほうが、限られた時間を有効に使えます。

このように思考よりも暗記に重点を置いたやり方は、勉強の本質から遠ざかるのではないかと思う方もいるかもしれません。

しかし、成績下位層の生徒が思考をするためには、一定程度以上の知識は絶対に必要です。大人だって、知らないことを考えることはできませんよね。それと同じです。考えてもわからないことは考えない。その代わり、徹底的に覚えることが重要なのです。

塾の役割は、限られた時間で最大限に成績を上げることです。成績が普通以下の生徒の場合、まずは平均点を取れるようになるのが目標です。それが塾の責務であり、保護者と生徒から求められていることでもあります。

そのためには、徹底的に効率を重視した勉強方法でなければなりません。考えることの楽しさを見つけるのは、次の段階で行うことです。

自分の塾の生徒たちに必要なことは「考えること」なのか、あるいは「最低限の知識を身につけること」なのか。周囲の意見に惑わされることなく、ブレずに実践していきましょう。

テストは100点取るまで徹底的にやる

基本的な暗記を徹底的に行うためには、一言一句を漏らさず完璧に覚えることを積み重ねていくしかありません。

80%でも90%でもダメ。100%覚えて初めて、次の単元に進みます。

これが最も効率的な下積みの勉強法です。

私の塾ではテキストを1ページ進むごとに確認テストを行います。この確認テストで100点満点を取らないと、次のページには進めません。

正解はすべて教わったとおりの言葉で答えること。例えば「大きくする」が正解の場合、「大きくなる」と書いても×です。確認テストの答案に△はありません。

正確に覚えさせる理由は3つあります。

一つは、テストで取れる問題で確実に点数を稼ぐためです。それぞれのページを１００％覚えていれば、仮にテスト範囲の70％しか勉強できなくても、60点は取れます。

さらに勉強に慣れてスピードがつき、テスト範囲の１００％を学習できるようになれば、80〜90点という点数が取れるようになります。成績上位層になるのはここからです。

もし、75％を確認テストの合格ラインとして設定していると、常に75％の知識しか頭に残らないことになります。テスト範囲をすべて学習できたとして、最大で取れる点数は75点です。全範囲をカバーしているにもかかわらず、80点、90点という高得点は望めません。

もう一つは、記憶を定着させるためです。

「75％の得点で合格できる」という意識で勉強していると、一度覚えた知識を忘れるのも早いものです。１００％覚えるつもりで勉強し、実際に満点を取っていると、時間が経ってもそうそう忘れることはありません。確実に知識を積み重ねていけます。

最後の一つは、記憶力を鍛えるためです。

暗記の効率は、勉強を続けることによって高められます。

20個の単語を覚えるのに3時間かかる生徒もいれば、2日が必要な生徒もいます。最初は大きな差があっても、暗記に要する時間は、テストとその対策を繰り返すことによって、だんだん短くなります。

私の感覚では、1ページを覚えるのに3時間かかる生徒であっても、100時間の定期テスト対策を3回やると、同じ1ページを覚える時間が30分～1時間に縮小します。入塾からおよそ半年で、暗記の効率が6倍になるわけです。これも〝下積み〟の一つと言えます。

暗記のスピードが速くなると、テストの全範囲を学習することも難しくありません。

ちなみに、学年上位層となると、1ページを5～15分ほどで覚えていく生徒が多いという印象です。暗記のスピードが速ければ速いほど、その知識を使った応用発展問題も多く解くことができて、テスト本番前にあらゆる問題パターンを練習することが可能なので、高得点を取ることができるのです。

成績下位層の生徒がいきなり同じことができるようになるのは難しいですが、地道な下積みを重ねることで、その域に到達することは十分ありえます。

急には成果が現れなくても、コツコツ続けることが肝心なのです。

土日に集中して勉強する

定期テストが近くなると土日も教室を開けて実施している「１００時間勉強マラソン」こそ、「日本一成績を上げる塾」として、私の塾の独自性を高めている取り組みです。

ここで、具体的にはどのようなことをしているのか、生徒とその保護者以外に初公開します。皆さんも自分の塾に取り入れることができそうな部分があったら、ぜひ参考にしてみてください。

まずスケジュールですが、「１００時間勉強マラソン」を実施するのは定期テスト３週間前からです。

開塾時間は、平日では午後4時から10時まで、土日祝日は午後2時から6時と7時から10時の合計7時間です。ただし、定期テスト１週間前までは部活があるため、平日は午後7時から10時の3時間となる生徒が多いです。

ちなみに開塾時間を午後10時までという夜型にしているのは、地元の図書館が閉まった後にも勉強できるからです。図書館が開いてるのはたいてい午前9時から午後5時です。公共の施設が使えない時に勉強できるというのも、生徒が来る動機づけになります。

開塾時間中は55分経過するとチャイムが鳴り、5分の休憩。私語やスマホも、休憩時間であればOKです。

人間の集中力は最大で90分間ほど持つそうですが、子どもたちが息切れしないように早めの55分で区切りを設けています。

完全な自習だけではなく、集団授業も行います。1単元につき30分、科目は理科と社会です。なぜこの2科目なのかというと、自習だけでは難しい部分があるからです。

2科目とも基本的には暗記で解けますが、理科には計算問題、社会には地図を読む問題など、テクニックが必要な問題もあります。

そういった問題は質問が出やすいので、同じ中学校の同じ学年の生徒たちのスケジュールが合う時に、生徒を集めて解説するわけです。

これを土日で1科目ずつ、計1時間行います。

1単元30分は少ないのでは？　と思われるかもしれません。

たしかに一般的な集団指導塾のように網羅的な解説をする場合は、30分では絶対に足りません。しかし、すべてを解説する必要はないと私は考えています。生徒に質問されるところはだいたい決まっているので、それを先回りして解説。生徒が自習で〝自走〟しやすいようにサポートしているイメージです。

それでもわからない生徒には、塾オリジナルの解説書を渡して、それを読みながら解いてもらいます。


集団授業を行うことのメリットは、生徒がインプットしやすくなることだけではありません。次の1週間で自習する範囲が明確にわかるので、自習の集中力を増す効果もあります。

つまり、こういうことです。

ひとつの単元を解説したら、塾用ワークでその単元すべてのページの確認テストを行うことになっていますが、1週間の目標は、ここで全問正解することです。それができなければ、次の単元に進むことができません。

例えば理科の解説で4枚の確認テストを出したとします。次に集団授業を行う1週間後までに、この4枚を完璧にするのが目標になるわけです。

なんとなく100時間を同じペースでやっているだけだと変化に乏しく、55分間を集中するのも難しくなるでしょう。1週間とわかりやすく期間を区切って具体的な目標を設定することで、目の前の勉強に集中できます。

覚えるのが早い生徒であれば、土曜日に解説した単元の確認テストが日曜日に終わります。その場合は、月曜日からの自習を学校のワークや確認テストの復習などにあてます。それも終われば、周辺地域の中学校の過去問を解きます。ここまで来れば、定期テストで満点近い点数を取れます。

そこまで進まない生徒でも、確認テストを完璧にできれば平均点以上は取れる内容になっています。

ちなみに国語は平日、土・日を含めて、基本的に授業は行っていません。勘違いされやすいのですが、学校の定期テストに限っていえば、受験の場合と違い、国語こそ暗記だけで対応できる科目だからです。

学校の定期テストでは、基本的には決まった題材（例えば『走れメロス』など）からしか出題されません。そしてその題材から出される問題のパターンは限られています。そのパターンをすべて覚えれば、本番で問題を読んでパターンに照らし合わせ、本文から書き写すだけで点を取れます。

問題に「傍線の筆者の考えを書きなさい」と書いてあると、つい自分の考えを書いてしまいがちです。しかし国語は道徳の授業ではありません。答えはすべて本文に書いてあります。その探し方を暗記すれば、確実に成績は上がるのです。

私の塾ではこの問題パターンを教科書に落とし込んだ自作の「教科書ガイドより教科書ガイド」を配布しています。国語のテスト対策は、このガイドを自習してワークを行い、確認テストを解く。この繰り返しです。

１００時間勉強マラソンは、ただ生徒を集めて自習させているだけではありません。そこには、生徒が集中力を発揮しながら自走し、成績アップをものにする仕組みがあります。

勉強するのは生徒本人ですが、自己流でがむしゃらにやっているだけではなかなか成績が伸びません。

塾ができることはレールを敷いてあげること。わかりやすいゴールを設定し、どこまでどうやって走ればいいかを伝えることです。

私の知人で塾を経営している方の中には、テスト前の土日は、無料の自習室として教室を開放しているが、勉強しに来る生徒はあまりいないという方もいます。

それはそうだろうなと思います。たとえ無料だとしても、何もしていない塾に行っても、何をしたらいいのか生徒にはわからないからです。

それではたとえ塾に来て自習をしても、成績は伸びません。

私は、「100時間勉強マラソン」では、1回9800円という対価をいただいています。

塾に行けば、やるべきことはすべて用意されており、生徒はそれに従ってやればいい。このような状況を作っているからです。この目標設定こそが塾の役割であり、価値なのです。

価値があるものには、必ず値段がつきます。

テスト対策には平日も含めた勉強の流れを作ってあり、解説も採点も塾で行う。生徒はそれを真面目にこなせば必ず成績は上がります。このシステムに、保護者は1万円近い価値を感じてくれているのです。

「スタンプラリー式確認テスト」で1冊を完璧に覚える

私は確認テストを「スタンプラリー式」で行っています。

会社でよくある営業成績のように、確認テスト一覧表で、自分が合格したページに色を塗っていきます。不合格だった場合には、不正解だった数をマイナス表記して暗記の精度も載せながら、教室の壁に張り出しておくのです。

具体的には赤い「ＯＫ」のマークがついていたら満点合格。仮に１点問だけ落としていたら「−1」と書きます。

生徒はまず、このグラフにＯＫマークがつくことを目指して、確認テストで満点が取れるよう暗記に取り組みます。

このスタンプラリー式には、２つの目的があります。

生徒のモチベーションアップと、生徒の状況を説明する際に保護者への説得力を高めることです。

成績上位の生徒は暗記力が高いので、すぐに赤いＯＫマークがつきます。そのため、成績上位の生徒のグラフは、他生徒よりも速く赤い色で伸びています。

そして早く合格した生徒は、より確実に記憶に定着させるため、繰り返し復習し、その知識を使ってさまざまな問題パターンを演習します。

成績中位の生徒は、上位の生徒のグラフを見ながら、自分も同じようなグラフを描けるように奮起します。同じように、成績下位の生徒も中位の生徒をお手本にがんばります。

まさに会社の営業成績と同じです。

確認テストが不合格になると、そのことがみんなに知られてしまうので、プレッシャーを感じる生徒ももちろんいます。しかしこのプレッシャーに慣れれば、受験勉強のように大きな負荷がかかる場面でも、落ち着いて一つひとつの努力を積み重ねていけるようになります。

入学試験当日の会場でのプレッシャーは相当なものです。その重圧に負けて残念な思いをするよりも、普段から強い精神力と暗記力を身につけたほうが、生徒にとってプラスではないでしょうか。

また、このスタンプラリーでは、各生徒の暗記のスピードと精度がわかります。成績下位の生徒と上位の生徒における勉強の過程が一目でわかるようになっているわけです。

壁に貼った全生徒のグラフは、教室内では毎日更新したものを掲示して、同じものを週に1回、プリントして生徒に配っています。保護者はそのプリントを通して、子どもたちがどのくらいテスト勉強が進んでいるのか、集中してできているのかがわかります。

さらには、テスト本番前にどのくらい点数が取れるのかもある程度予測できます。このシステムを取り入れてからは、テストが終わったときに「塾に行っている割には成績が……」ということは、ほとんど言われなくなりました。

「学年1位のあの子は、これだけの量をこなしている」「学年２００人中１３０位のうちの子は、平均点の子に比べると、確認テストの進捗が遅い」ということが伝わるのです。

すると年に2回の面談時での、保護者の「納得感」が違います。

成績がなかなか上がらない理由は、暗記力や集中力のなさなどいろいろありますが、グラフを見ながら説明することで説得力が生まれます。

私も開校当初はこのスタンプラリーをやっていませんでした。

しかしそれでは塾での状況がわからないので、「塾に通っている割になかなか点数が上がらない」

と不安な様子を見せる保護者が出てくるのです。

そのような場合、スタンプラリー式にすると、「成績上位の○○さんは確認テストをこれだけ早く終わらせているんだ。それなら、うちの子が負けるわけだ」と納得してくれます。

保護者は塾で子どもが何をやっているか直接見ることはできないので、このように目に見える形に表すことで、安心感が生まれます。

クレームを受けることもなくなりますし、現時点の目標が親子と塾で共有できるので、面談の際により深い話ができます。

結果を出している生徒は尋常ではない努力をしている。中途半端な努力は中途半端で終わってしまう。そのことを生徒と保護者に伝えるために、私はスタンプラリー式確認テストを取り入れているのです。

受験勉強では周りの生徒を意識させる

普段の成績アップは、地道に確認テストを繰り返していきさえすれば、達成できます。運動不足の人が、健康のためにランニングを習慣にするようなものです。

しかし受験勉強となると、対策が異なります。点数を何点上げたかというプロセスではなく、合格・不合格という結果がすべてだからです。

私の塾では、中学3年生は7月ごろから本格的な受験対策を始めます。基本的な方法は１００時間勉強マラソンと変わりません。

7月〜11月までの土曜日は集団授業を行い、平日は塾で、土曜日に行った単元の確認テストを各自進めていきます。12月以降の土曜日は過去問を解き、１日で「1年分の全教科を解く→解説」を繰り返して、苦手な単元をあぶり出します。

そして翌日月曜日から金曜日にかけて、苦手な部分を徹底的に復習。これを繰り返していきます。

これだけでも点数は上がりますが、さらに確実に合格ラインに持ってくるために、集団心理を利用します。

1学年10〜20人の生徒がいると、同じ志望校の生徒が何人かいます。受験勉強の目標は、合格者の平均点を超えることです。１００点満点中、合格者平均点が65点であれば、それを超えれば、確実に合格できるわけです。

しかしまだ40点しか取れていない生徒が、60点を取っている生徒と同じ空間で同じテストをすると、その生徒に追いつこうと必死で勉強します。

実際の成績と合格者の平均点がかけ離れていると、遠い目標のように思えてしまい、勉強に身が入りづらくなります。しかし普段から顔を合わせている生徒が当面の目標になれば、一気に現実味を帯びて、やる気が生まれます。

そして、ただいっしょに授業やテストを行うのでなく、生徒や保護者にも、「あの子を目標にがんばろう。そのためには、いまの1・5倍の勉強量が必要だ」というところまで具体的に伝えると、より効果があります。

受験に合格するということは、マラソンでいう第1集団に入るのと同じです。第2、第3集団にいる人は、まずそのことを自覚し、自分のひとつ前を走っている集団に追いつくよう、スパートをかけなければならないのです。

アナログだけど効果は抜群「書いて覚える記憶術」

タブレット端末やフラッシュカードなど、勉強の道具にはさまざまなものがあります。

しかし小中学生の勉強は、昔ながらの「書いて覚える」のが近道です。

学校のテストはすべて字を書いて解答します。

漢字や綴りは、普段から書くことに慣れていないと、テストで正確に書くことはできません。

例えば「蘇我入鹿」という人名を書かなければならない場合、字のシルエットは何となくわかっても、実際に書けなければ点数は取れません。


私の塾に、ＩＴツールを活用した、ＩＣＴ教育を売りにしている他塾から移ってきた生徒がいますが、転塾してきた当初、社会の確認テストをすると、ほとんどの答えを平仮名で書いていました。前の塾では、すべてタブレットで答えを選択する形で学習していたそうなのですが、学校のテストでは、平仮名の答案に丸をしてはくれません。

ＩＣＴで勉強してきた生徒に、書いて覚える習慣を身につけさせるのは、一筋縄ではいけません。しかし「書いて覚える」は全員が通ってきた道です。幼稚園や小学校1年生のとき、誰もが一所懸命「あいうえお」を書いて覚えたはず。そういった話をして原点を理解してもらうことが、第一歩です。

暗記のために書き写すときには、単語を2回見ることになります。まず印刷されているものを目で見て、自分で書いた字を見る。これを繰り返すことで、頭の中の解像度が上がっていきます。

小中学生の頭の中は、文字を見てもモザイクがかかったような状態です。

そのモザイクを取るには、繰り返し書いて覚えるしかありません。

余談ですが、1人だけ、教科書を読むだけで100点を取れる生徒がいました。このような勉強方法は真似できるものではありませんが、その生徒ですら、入塾した小学4年生のころから、毎日泥臭く「書いて覚える」勉強を地道に繰り返していました。お母さんもとても熱心な方で、学習帳を何冊も使って漢字の書き取りをさせていました。

その生徒は下積みの期間を人並み外れた早さで終えただけで、生まれついての天才ではなかったのです。

こういうことがあってから、書いて覚えることの重要性をますます実感しました。

勉強もスポーツと同じ、アスリート式反復練習

勉強もスポーツも同じ。うまくなるためには、練習を繰り返すしかありません。

イチローさんがメジャーリーグで活躍できたのは、小学生のころからほぼ毎日バッティングセンターで１２０キロのボールを打ち続けたからです。

サッカーの久保建英選手も、10歳のころから海外トップチームの下部組織でプレーした下積みがあって、天才と呼ばれるいまがあります。

スポーツの場合、才能が占める部分が大きく、同じくらいの努力をしても、生まれ持ったものが、明暗を分けることがあります。

しかし勉強には、誰にも同じようにチャンスが与えられています。

例えば、平安京ができた年を覚えるために、「泣くよ（７９４年）ウグイス平安京」という語呂合わせがあります。これは誰でも読んで、口に出し、字に書くことができます。覚えられるかどうかの違いは、繰り返したかどうかだけなのです。

人間は興味があることは1回で覚えられますが、そうでないことはすぐ忘れてしまいます。興味のないことを中学生が覚えるためには、なるべく面白おかしく、何度も繰り返すしかありません。それで平均点以上の点は取れます。

平均点に達していない生徒は、単純に勉強の量が足りないだけです。

さらに平均点以上を目指す場合、単純な繰り返しでは足りませんが、やはりものを言うのは勉強量です。

1ページを覚えるのに3時間かかる生徒がいる一方で、1時間で覚えられる生徒もいます。後者の生徒が残り2時間の自習時間に何をするのかというと、その知識を使った応用問題を解くのです。

それによって、得点できる範囲が広がっていきます。

過去問を見て、知らないパターンがないくらいになれば、成績上位層に入れます。

1回のテストで応用問題が100パターンあったとします。もし50パターンしかできなければ、高得点を取るのは難しいですが、100パターン覚えられれば、満点に近い点数を取れます。

その状況になるまでには、やはり基礎知識と暗記力が欠かせないのです。

「NG行動の三振ルール」居眠り、宿題忘れ、忘れもの

１０７ページでもお話ししましたが、塾を存続させるためには、塾則を守らせることが絶対に必要です。

「腐ったみかんがほかのみかんを腐らせる」という言葉があるように、１人が勉強にふさわしくない態度を取っていると、他の真面目な生徒にも伝染してしまいます。

特に居眠り、宿題、忘れものの３つは、厳しい態度でのぞむ必要があります。

平気で居眠りをする生徒が１人でもいると、「居眠りをしていい塾」とみなされ、あちこちでサボる生徒が出始めます。そうなると、もうコントロールが効きません。

宿題忘れを容認すると、誰も宿題をやらなくなるでしょう。成績が上がらない、普通の塾になってしまいます。

忘れものをするのは、やる気がない証拠です。「塾は勉強する場所」という意識が低いと言わざるを得ません。

もちろん人間なのでミスはあります。仏の顔も三度までという通り、2回までは大目に見ますが、3回以上のルール破りは、成績を上げるために塾に来ているという自覚がないとしか考えられません。厳格に対処する必要があります。

そのために私は、1回目は本人への注意。2回目は保護者への電話で釘を刺す。3回目で保護者に来てもらい、三者面談を行います。

たいていは三者面談の席上で退塾勧告をすることになります。すでに電話による注意をしているので、保護者にも「うちの子が悪い」という認識はあるはずだからです。

三者面談は、できれば生徒が3回目のルールを破った日の夜に行います。すぐに行うのは、生徒が保護者に言い訳をする時間を与えてしまってはいけないからです。子どもはあることないことをしゃべって自分を取り繕い、親はそれを信じてしまうものです。

最近もこういうことがありました。

高校受験まであと20日あまりの受験生が、居眠りをしている。合格可能性が低いのでもう本心では諦めているのかもしれません。それでも口では、「がんばります」と言います。

土曜日の午後2時から、本番さながらに集団で受験校の過去問題集を解くのですが、それにも2分ほど遅れてくる。わずか2分でも立派な遅刻です。本番だったらそのようなことは絶対にしないはずです。

こういうことが重なったので、保護者を呼んで言いました。

「お子さんのやる気のない態度が全員に影響してしまいます。当塾は、受験や成績アップのために本気で勉強するための塾です。私も本気なので、やる気のない生徒の相手はしたくありません。このまま続けてもお子さんは絶対に受かりませんし、1カ月分の月謝がムダになります」

その後、結局、塾をやめることになりました。

こんなことをしていると、そのうちに「受験の直前に生徒を放り出すとんでもない塾だ！」という悪評が立つかもしれません。

それでもいいと私は思っています。

それよりも、本気で成績アップに取り組む雰囲気づくりのほうが大事だからです。

「最近、疲れているので……」「なかなか時間がなくて……」と子どもをかばう保護者もいますが、疲れていたり時間がなかったりするのは誰でも同じです。

みんなができているのにやっていないというのでは、塾に来る意味がありません。

中には「うちの子が寝てたらその都度何度でも起こしてください」という保護者もいます。もちろん1日3回までは起こしていますが、塾は保育園ではありません。

理想とする塾をつくり、それを続けていくためには、多少厳しいように思っても、しっかりと塾の規則を守ってもらう必要があるのです。

第5章

一番の集客ノウハウは子どもの成績を上げること

「あそこの塾はいいらしいわよ」という口コミのつくり方

塾の集客で重要なのは、口コミです。

最終的にチラシやホームページが背中を押すことはありますが、開校初年度の場合は別として、2年目以降は、チラシをまこうと思ったらその前に口コミが広まっていることが大切です。


口コミのない状態でチラシをまいても、あまり効果はありません。

実際に、私が開校した直後、何の口コミもない状態で最初に配ったチラシの反応は、3万枚で1件程度でした。

しかし9カ月ほど経ったころには、「あの塾に行くと100点、150点と点数がアップする」という実績が口コミで広く知られていたため、チラシ1万枚で5件の問い合わせが来るようになったのです。「あそこの塾はいいらしい」という口コミがあれば、チラシの文言もより魅力的に映ります。


口コミの広め方と言っても特別なことはありません。私の想像では、次のような広がり方をしていくのではないかと思います。

まず生徒の成績を上げる。すると、驚いた保護者が、塾でどのようなことをやっているのか生徒に聞く。その話を聞いた保護者が「この方法なら成績が上がるはず」と納得し、職場や近所の井戸端会議、母親同士のコミュニティーなどで別の保護者に話す。

つまり、塾で普段やっていることを生徒が保護者に伝えてくれれば、関心のある保護者の間で自然と口コミが広がっていくのです。

また生徒同士であっても、学校で「あいつ成績伸びたな」「〇〇塾に通っているらしいよ」という口コミが広がれば、保護者に「〇〇塾に行ってみたい」と話すこともあるでしょう。

口コミを広げる中で、まず重要なのが「生徒の成績上昇」という実績です。実績がなければ口コミは生まれません。

私は生徒の成績を上げるためにさまざまな取り組みをしていますが、そのなかで得点アップに効果があると感じているのは「反省シート」です。

これは、定期テストの結果が出た後に作成、配布している、テスト勉強過程の通知表のようなものです。

教科ごとの勉強時間といった定量データや、各教科の確認テストの進度状況と暗記精度、過去問の状況など、「この単元はよく勉強したので点数が取れた。この単元は時間がなくてあまり勉強できなかったので、点数が取れなかった」などのフィードバックを記載しています。

反省シートは生徒と二人で行う〝反省会〟を元に作るので、生徒自身と保護者も次回の定期テストでは何をするべきなのか明確になり、次回のテスト対策に向けて大いに役立ちます。


そしてまた「反省シート」は、口コミを生み出すためにも有効です。

保護者は、生徒が持ち帰った反省シートのコピーを見ることで「自分の子どもが塾でテスト勉強のために、何を、どれくらい行っているのか?」が明確になります。

それによって、年2回の面談以外の機会で、塾で取り組んだことがしっかりと点数につながっていることや、逆に生徒が取り組んでいなかったところでは点数が取れていないことが明確に把握できるようになります。

こうすることで、面談では塾側も生徒・保護者側も形だけの話をするのではなく、その生徒が成長したところ、これから伸ばしていかなければいけないところについて、より具体的に話ができるようになります。

その結果、退塾率もかなり下げられるようになり、さらには「面倒見がよい塾」という口コミにもつながります。

その他にも、口コミを生むためにさまざまな工夫をしています。

一つは、全体的に塾の成績が上がっているのであれば、それを定期面談の際に生徒と保護者に伝えることです。「自分の子供だけではなく、みんな成績が上がっている」ということであれば、自分の子供自慢にならず、他人にもすすめやすいからです。

また、私は授業の後の雑談で、成績を伸ばしている生徒の話をします。すると聞いている生徒は「どうやって伸ばしたの？」と関心を持つので、ここぞとばかりに点数を取るためのノウハウを教えます。

そして生徒が家に帰って「友だちの◯◯は、塾でこんな勉強をして成績を伸ばしたらしい」と話の内容を保護者に伝えてくれれば、「◯◯くんは塾でこんな勉強をして、成績が良くなったんだって」という口コミが発生します。

ほかに、制作物を使って対外的なアピールをするのも有効です。塾の前に「のぼり」を立てたり、正面のガラス玄関に成績アップの実績をどんどん貼っていけば、通りすがりの人に、「この塾に通うとすごく成績がアップするんだな」ということが刷り込まれ、何かの機会に「あの信号のところの塾に行くと、すごく成績がよくなるらしいよ」と話したくなるはずです。

念のため、改めて申し添えておくと、実績があっての口コミです。実績がないのにあるかのように見せるのは、ただの誇大広告です。

また、「自分はそんな宣伝くさいことはやりたくない」という方もいるかもしれません。

それはそれでひとつの見識ですが、ではどこで、どのように塾の実績をアピールすれば集客につながると思いますか？

自分の塾のよさを知ってもらうために、いろいろな工夫をするのは恥ずかしいことではありません。むしろ「自分が教えて、ひとりでも多くの生徒の成績をアップさせたい！」という情熱がある方にとっては、非常に重要なことなのです。

大手塾であれば、看板を掲げているだけで「○○塾ができたらしいよ」という口コミが広がります。しかし『ひとり学習塾』は、看板では勝負できません。自分の塾の個性を、普段から運営の中でアピールしていく必要があるのです。

その個性とは、面倒見のよさ、成績アップの実績、快適な環境など、いろいろとあると思いますが、やはり個別指導塾に求められていることのツートップは、どんな生徒でも成績を上げられることと、面倒見のよさだと思います。だから私は、重点的にその２つをアピールして口コミが広がるようにしているのです。

安定経営のコツは「満席・入塾予約待ち」をつくること

塾経営が一番難しい時期はいつだと思いますか？

それは３月です。最上級生が卒塾することで、１学年分の売上が丸々なくなってしまうからです。

しかしそんな時期でも、経営を安定させる方法があります。

３月を見据え、１年間「満席・入塾予約待ち」状態をつくっておくことです。「満席だから」ということで３月まで待ってもらえれば、欠員が出てもすぐに穴を埋められます。

いまの塾の教室は32坪で、定員は70人とアナウンスしています。

テスト対策がない小学生も20人ほどいるので、ギリギリまで入れれば実際には最大で90人ほどの生徒を取ることができます。

ただ、そこであえて「定員70人」としていることには理由があります。

新年度がはじまるとき、生徒との会話やホームページなどで「満席の70人でスタートしました」とアナウンスしますが、実際には、定員を越えていても、物理的な限界となる90人くらいまでは入塾させています。

その結果「あの塾は、定員70名と言っているけれど、実際には90人くらいは入れるらしい」「中3の抜ける3月が入塾のチャンスらしい」という口コミが広まっているので、「もしかしたらまだ間に合うかも」と問い合わせがくるのです。

そこで物理的にまだ入れるのであれば入塾してもらいますし、本当に無理であれば、「3年生が抜けたら、私からご連絡しますので、春までお待ちいただけませんか?」と伝え、予約待ちの状態をつくるのです。

特に11月~翌年2月には入塾希望者が増えます。そのようなときでも、物理的な空きがなければ、予約待ちにしてもらいます。すると5~10人ほど入塾予約待ちの状態となり、3月に中学3年生が抜けたときでもその穴が埋まり、塾経営は1年を通して安定するのです。

【妹尾流『入塾待ち』をつくって安定経営】

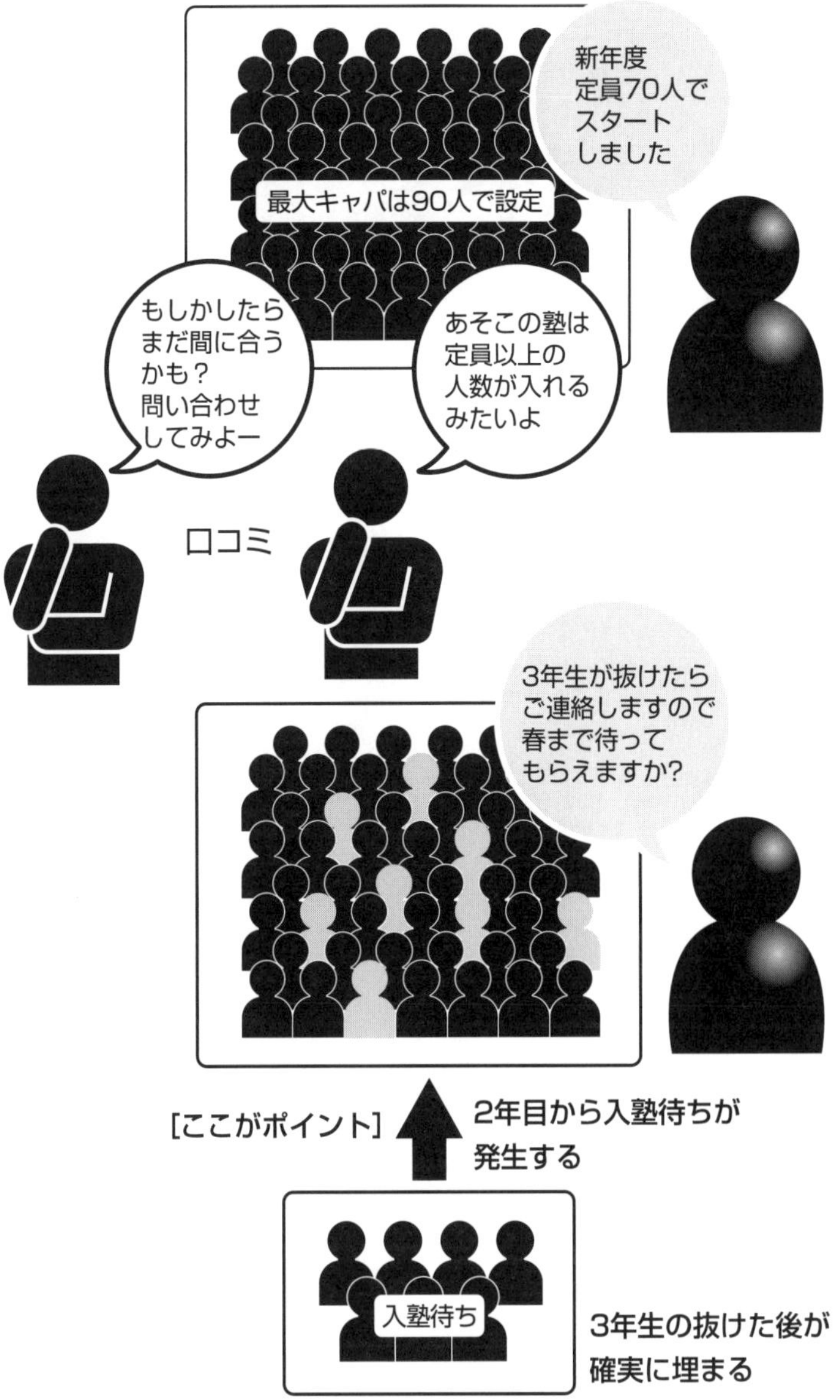

もっとも、年度の途中でも、すぐに成績を上げたいという緊急性の高い人や中学3年生は、いろいろな事情を考慮したうえで、すぐに入塾してもらうこともあります。

また退塾をさせないという点でも、入塾予約待ち状態にするメリットがあります。

普通は、「入塾したいときにいつでも入塾できる」というのが塾ですが、それは、「やめたくなったらいつでも退塾できる」という意識につながります。

しかし「満席・入塾予約待ち」を掲げていれば、「そう簡単には入れない流行っている塾という印象を与えることができます。

実際、予約を待って入ってくれた生徒は、「せっかく何カ月も待って入塾したのだから、退塾したらもったいない」という気持ちが働くので、そうそうやめません。

退塾の少ない塾になるためには、入塾しにくい塾にすればいいのです。

これも私の塾に退塾者が少ない理由です。

「家でできる」と言って退塾しようとする生徒への対応方法

塾に通って勉強する習慣が身につき、子どもの成績が急上昇すると、それに気をよくして、「ここまで成績が上がったから、あとは自分でできるだろう」と、塾をやめさせてしまう保護者が少なくありません。


そのような場合、私は１４７ページで紹介した「反省シート」を見せながらこんな話をします。

「塾でこういう勉強しているから、この教科の成績が伸びた」

「この点数だった理由をつぶせば、まだ伸びシロがある」

「これから点数を伸ばすためには、この対策が必要だ」

こういったことを、根拠を元に理路整然と話せば、「やっぱり自宅で勉強するのは無理だ」となるでしょう。


ただ私の場合は、忠告はするものの、あまり無理に生徒を引き止めることはしません。

なぜなら、塾をやめた生徒は間違いなく成績が下がり、戻ってくることが多いからです。

「塾で勉強する」という習慣があっても、「自宅で勉強する」という習慣はできていないのですから、当然成績は落ちます。

塾で勉強できるのは、やるべきことと目標が明確になっていて、目の前の勉強に集中できるからです。自宅では、スマホやマンガ、ゲームなどの誘惑があります。それらの誘惑に打ち勝って勉強できるのであれば、そもそも塾には来ていません。

あるいは保護者が子どもを管理できるのであれば勉強する習慣が続くかもしれませんが、それができないから塾に来ていたはずです。

前述のように、私は退塾したいという生徒を無理には引き止めませんが、次のような話はします。

「お子さんを信じ、期待する気持ちはわかりますが、塾を卒業させるのは、お子さんが家で勉強する姿を見るようになってからにしたほうがいいと思いますよ」

すると、退塾を思いとどまる保護者は少なくありません。

退塾を切り出されても慌てふためくことなく、自信を持ってしっかりと、塾の価値を伝えてください。

『ひとり学習塾』なら親への連絡が密になるというメリット

ビジネスには大きく分けて、ストック型とフロー型の2種類があります。

ストック型は、長期にわたって継続利用されることを前提としたビジネスで、コンテンツのサブスクリプションやウォーターサーバーなどがこれにあたります。

一方のフロー型は、小売業や飲食業などのように、顧客が必要な商品を都度、販売する形式です。

塾はストックビジネスです。

つまり1人の生徒が長く塾に通ってくれれば経営は安定し、利益が伸びます。そこで問題になるのが、生徒をいかにつなぎとめられるかということです。

そしてそのコツは保護者との連絡を密にすることにありますが、『ひとり学習塾』はこの点、大手塾よりも有利です。

大手塾のように生徒の指導をアルバイトに任せていると、細かい生徒の変化に気づくことができません。それどころか連絡ミスで、塾長が保護者から聞いたことが講師に伝わっていなかったり、講師が生徒から伝えられた情報が塾長に届いていなかったりということもあります。

こういった行き違いは、保護者に不信感を抱かせます。

そして、たとえ小さいミスであっても、それが積み重なっていくと、あるとき突然「この塾は合わない」という確信になり、退塾してしまいます。

しかも塾長としては「大した問題もなかったはずなのに、なぜなんだろう？」という受け止めでしょう。

『ひとり学習塾』の場合は違います。

生徒と保護者の両方と、直接、密なコミュニケーションをとれます。

私は生徒のことで少しでも気になることがあったら、授業中でも保護者へ電話します。

いつもより元気がない、泣いたように目が腫れている、風邪を引いたのか顔が赤い……。このような様子があれば、事情を聞いて、場合によってはその日は帰らせることもあります。

このようなコミュニケーションを続けていると、保護者からも連絡をくれるようになります。

「今日は少し熱っぽくて、塾に行けるか心配なんです」（「欠席します」という決定事項の連絡ではなく、まず相談してくれる）
「学校の先生にこんなことを言われて……」
「うちの子の内申点を上げるにはどうしたらいいでしょうか？」などなど……。

ここまでくれば、保護者との信頼関係は構築できているといっていいでしょう。

人間関係は密になればなるほど、そこから離れにくくなります。
塾も、保護者と些細なことでも話せる関係をつくっていれば、長く続けてもらいやすくなります。

初めからやる気のない生徒は受け入れない

何度となくお話ししていますが、やる気のない生徒を塾に受け入れてはいけません。
もっとも、正直なことを言えば、私自身、目の前の売り上げのために、そのような生徒を受け入れようか迷ったことはもちろんありますが、なんとか踏みとどまりました。

もしそのような生徒がいたら、塾の雰囲気が悪くならないうちに退塾させる必要がありますが、それ以前に入塾させないことも大切です。

例えば、入塾説明会で生徒がちゃんとした姿勢で座らず、何を聞いても「別に」と仏頂面。体験授業で返事や挨拶ができない。

「塾に来てやってる」と言わんばかりのふてぶてしい態度をとる。

このような生徒は、塾の秩序を崩壊させます。方針に合わないことを理由に入塾を断ったほうがいいでしょう。「多少問題はありそうだけれど、なんとかなるだろう」という甘い考えは捨ててください。

実際、いわゆる「ヤンキー」が入って、半年後に潰れてしまった塾を見たことがあります。最初に入ったヤンキーが別のヤンキーを連れてきて、少しずつヤンキーが増え、他の生徒が来なくなってしまったのです。

遊び感覚で来るヤンキーのたまり場になってしまうと、もうダメです。

たとえ教室がたまり場にならなくても、授業終わりの生徒を迎えに来たヤンキー仲間が集まっていたら、そのような塾には、保護者も安心して通わせることはできないでしょう。

ただしヤンキーでも、やる気があれば受け入れます。やる気があれば言うことを聞いてくれるからです。「塾の前で友達を待たすなよ。迷惑だぞ」と伝えて、たむろしているヤンキー仲間を解散させに行かせます。もちろん私もついていきます。私の経験上、やる気のあるヤンキーの「アニキ」的存在になることが大切だと思っています。

入塾の唯一であり絶対の条件は、本人にやる気があること。成績を上げたいという気持ちがあれば塾を信頼して、言うことを聞いてくれます。

そのような生徒ばかりの塾なら、やる気のある生徒が集まり、教室はさらに活気づいていきます。

積極的に生徒に話しかけることで起きるケミストリー

子どものやる気は、どこで加速するかわかりません。

最初からある程度のやる気があった生徒が、何かをきっかけに、さらなるやる気を見せることがあります。そのためにも、休憩時間や授業の後、自習に来ている生徒など、私は積極的に生徒に話しかけるようにしています。

大した内容がなくても構いません。

「よくやってるね！」

「全然、進んでねえじゃん（笑）、がんばろう！」

これだけでいいのです。

たった5秒の会話でも、生徒は話しかけられると嬉しそうな顔をします。たくさんの生徒がいる中で自分を見てくれている、特別扱いされている。そんな心地よさがあるのだと思います。

話しかけた生徒が帰った後、保護者から「子どもが喜んでいた」とお礼の電話をもらうこともあります。

このような小さなコミュニケーションによって、塾に通うことが楽しいと感じられ、勉強にいっそう身が入ることがあります。

また、生徒が塾での会話を保護者に伝えてくれると、「あの塾は面倒見がいい」という口コミにもつながります。

話かけることによって、どのような効果があるかはわかりません。しかし思いがけないケミストリー（化学反応）が発生して、生徒はぐんぐんやる気を出し、塾の評判もうなぎのぼりになる……などということがあるかもしれません。

それならたくさん話しかけ、ケミストリーが生まれるきっかけをつくるべきだと私は思います。

生徒は先生のここを見ている

他塾の経営相談に乗ったり、知り合いの塾の様子を聞いたりする中で、わかったことがあります。それは、生徒をたくさん集めている教室長は「自分ががんばっている姿を生徒に見せている」ということです。

私の塾では、生徒がわからないことをいつでも聞けるだけでなく、私が時間をかけてつくった各教科の解説書を配り、私に質問しなくても生徒自身が「見てわかる」ようにしています。

数学の計算問題も、生徒のワークをすべて私が解いたうえで、つまずきそうな部分をピックアップした解説をつけています。

こういった姿を見ると、生徒は「自分たちがやることを、先生は先回りしてやっている。先生がやってるんだから、自分たちもやらなきゃ！」という雰囲気が生まれます。

しかし多くの塾では、この逆をやってしまっています。

お盆休みやゴールデンウィークなどの長期休暇には、「塾は1週間休みだから、ここからここまでやっておいてね」と平気な顔で何十ページもの宿題を出します。

そうすると生徒は「先生たちは宿題を出すだけで、休みの間は遊んでいるんだ」と思ってしまいます（私も子どものころ、そう思っていました）。

この不公平感が不満を生み、生徒のやる気をなくしてしまうかもしれません。

社会人でも、自分が必死に仕事をしているのに、ロクに仕事をせずにボーっとしている上司がいたら腹が立って、一所懸命働くのがバカらしくなると思います。

生徒と講師の関係は、上司と部下以上にシビアです。講師のことが気に入らなければ、さっさと退塾してしまえばいいのですから。

だからこそ、生徒にがんばってもらいたいなら、講師はそれ以上にがんばっている姿を見せなければなりません。生徒や保護者が求めることをもっと高いレベルでやって「この先生はすごい！」と思ってもらうのです。

そしてそのがんばり方は、まさに塾長の個性が発揮されるところです。

ある２００人規模の集団指導塾の塾長は、正社員の講師も２人いる中で、自分が一番多くの授業を担当しています。そして２００人の保護者全員と面談をしています。

別の個人塾では、保護者からのＬＩＮＥ相談をほぼ24時間受け付けています。深夜・早朝を問わず勉強や子育ての相談を受け、それが評判となり、80人前後の生徒を集めています。

他には、毎日必ずブログやＳＮＳ、さらにはＹｏｕＴｕｂｅを更新しており、その日に塾であったことや保護者からの質問に対する回答、受験情報などを詳細に書いている先生もいます。傍から見ると、寝る時間もないのではないかと思うほどです。

このように、生徒を集めている先生は、普通の人が驚くほどの行動量を当然のようにこなしています。

質の高い授業を行うのは当たり前。そのうえで、「ここまでやるか」と思わせるような行動をしている人が、人気塾を運営しているのです。

塾が生徒を集めるということは、塾長がファンを集めるということでもあります。それには率先垂範、有言実行の尊敬される大人であることが重要です。

机やイスはできるだけ学校とは違うものを使う

リッツカールトン、ペニンシュラ、マンダリンなどの高級ホテルに行くと、非日常的な空間を味わうことができます。

塾でそのような非日常的な体験をしなくてもいいのですが、少なくとも個別指導塾では、机やイスは、学校とは別のものを使うことをおすすめします。授業料が無料の公立学校と同じ環境では、「個別指導っぽくない」「学校と同じじゃん」という印象を与えてしまうからです。

もちろん個別指導塾の売りは生徒に合わせた指導や面倒見のよさなのですが、見た目のイメージが集客に与える影響は意外と大きいものです。

だからと言って、高価な家具をそろえて高級感を出す必要はありません。安い椅子や机でいいので、塾らしさが大切なのです。

個別指導塾でよく見る机は、１人用の机に間仕切りを設けたブースタイプのものですが、１ブースあたり、高いものだと20万円くらいかかります。

これをまともにそろえていては、用意していた開業資金が机だけでなくなってしまうでしょう。そこまでする必要はありません。

実際、76ページで紹介したように、私の塾では会議用の長机を中古で買って使っています。確かに2人～3人用の長机だと、いっしょに使っている生徒が消しゴムをかけると机が揺れてしまうデメリットはありますが、生徒が気にしているような様子はあまり見られません。

そもそもブースタイプには、価格以外にもいくつか問題があります。

まず、デッドスペースがたくさん生まれるので、教室のキャパシティーが小さくなります。それはつまり、80ページで紹介したような、塾の前に同時にたくさんの自転車があることによる宣伝効果（第3章をご参照ください）が薄くなるということでもあります。

私は個別指導と集団指導の要素を兼ね備えた自分の指導スタイルに合った机とイスを、格安で購入する方法を選びました。

学校と違う雰囲気をどのように出すかは、まさに塾長の思いのまま。

あくまで勉強をする場所ということを忘れずに、個性を発揮してください。

生徒を増やすチャンスは1年に8回ある

塾業界では一般的に、生徒を増やすチャンスは1年に3回あるといわれています。その3回とは、「ドル箱」とも呼ばれる、春期・夏期・冬期の季節講習のタイミングです。ただ、この期間で集中的に募集をかけようとすると、失敗したときの痛手が大きくなります。春期講習でうまく生徒が集まらなかったら、4〜7月の4カ月間、閑古鳥が鳴くことになります。さらに夏期講習でも失敗したら、8〜11月の4カ月も集客のチャンスがなくなってしまいます。

いうまでもなく塾経営にとって大きなピンチです。

そこで私は開校時に、「ドル箱」の3回に加え、定期テスト対策の5回を加えた計8回で集客できるように計画を立てていました。こうすれば、1年のほとんどが集客のチャンスとなります。テスト対策で集客するのは、塾のコンセプトにもかかわってくるのでどの塾にも応用できるとは限りませんが、「生徒募集のチャンスは年3回だけ」という固定観念に縛られる必要はないと思います。

あと、固定観念というと「無料の季節講習で生徒を集め、通常授業に呼び込む」というよくある集客パターンも、私は疑問です。

そもそも無料の季節講習に来る生徒は「無料だから」来ているのです。

実際、季節講習の時期になると、無料講習を実施している塾だけを転々としている生徒が出てきます。春も夏も同じ塾で無料講習を受けるのは気恥ずかしいのか、どの塾も無料なのは最初の1回だけなのかわかりませんが、果たしてそれで成績が上がるのかどうかは疑問です。

そもそも私は、無料講習に来てくれた生徒が、必ずしも通常授業の集客に結びつくものではないと思っています。

塾にお金をかけてもいいと考えている保護者は、最初からお金を払って塾に来ています。

本来集めるべきなのは、そのような真っ当な価値観を持った保護者であり、生徒です。タダでいろいろな塾を渡り歩くような人ではありません。

だからこそ、集客を考えたら、長期休みやテスト時期などのかき入れ時に、有料の講座で生徒を呼び込むべきです。満足度の高い価値を提供し、対価を受け取るというのが普通のビジネスだと思います。私は、初年度からテスト対策も季節講習も有料で行い、継続につなげていました。すでに通っている塾生と同じ料金で、授業内容も同じだからこそ、結果が出て継続につながるのです。

効果的な集客ができるのは中間テストの直後

募集を始めるタイミングとして最も効果があるのは、1学期あるいは2学期の中間テストの結果がわかった直後です。次の期末テストまで1カ月くらいとなり、そろそろ対策を考え始める時期だからです。

そのときを狙ってチラシをまくと、食いついてくれるというわけです。もちろんそのチラシでは、テスト対策で膨大な量の勉強をする塾であること、その結果、100点以上点数を伸ばした生徒がたくさんいることをしっかりアピールします。

実は、初めてのテスト対策が期末テストということには、結果が出やすいというメリットもあります。

中間テストは学期の最初のテストなので、テスト範囲が約2カ月分と広くなります。そのため、普段から勉強をする習慣のない生徒が、中間テスト対策で入塾しても、全範囲を終わらせることができず、点数が伸びにくい傾向にあります。

それに比べて、期末テストは比較的テスト範囲が狭いので、初めての対策でも点数を伸ばしやすいのです。

この次に集客しやすいタイミングは、夏期講習です。

1学期のテスト結果を踏まえて、勉強への取り組み方を考える時期だからです。

ちなみにテスト対策と季節講習で継続率が高いのは、テスト対策のほうです。テスト対策で入塾してくれた生徒の継続率が8割、夏期講習が5割くらいでした。

また生徒の募集方法は、今までお伝えしてきたように、新聞折込+全域配布（ポスティング）や塾の前や窓に貼り出すポスターなどです。

開業したての頃は広告費がかかりがちですが、生徒が増えるに従って、だんだん減っていきます。

私も開業初年度の広告費は80万~100万円ぐらいでしたが、8年目のいまは、20万円弱です。

だいぶ減ったのは、受験生が卒塾するタイミングにピンポイントでチラシを打っているからです。繰り返しになりますが、生徒募集のチャンスは、よく言われるような「年3回」だけではありません。

私は開業初年度に年8回のチャンスを生かしたからこそ、1年でほぼ満席になり、2年目に増床するまでになったのです。

塾経営は初年度が勝負の時です。チャンスを生かして満席経営につなげていきましょう。

流行る塾と流行らない塾の違いとは?

個人で塾を開業する人のほとんどは、教育に対する最大限の熱意と、一定以上の授業をする能力を持っています。つまり、どの『ひとり学習塾』であっても「勉強を教える」という点においては、大きな差はないのです。

それでもうまくいかずに半年で撤退してしまう人もいれば、数年で多店舗展開に乗り出すような成功を収めている人もいます。

では、両者の違いは何でしょうか?

それは、自分の塾は何ができるのか、何を得意としているのかを、人に伝える力です。

言い換えると、顧客である保護者や生徒が求めるゴールと塾のゴールを、いかに結びつけて説明できるかです。


流行っている塾の経営者には2タイプあります。

トークが上手で、保護者の心をあっという間につかんでしまう営業マンタイプ。

もうひとつが、営業トークができなくても、実績を数値で伝えて納得してもらう職人タイプです（私はこのタイプです）。

いずれにせよ、両者に共通するのは、自塾としてできることをうまく保護者に伝えていること。

流行っていない塾の経営者は、そこができていないのです。


では、どのように自分の塾のことを理解してもらったらよいのでしょうか？

トークが上手な人なら、私があえて説明するまでもないと思います。巧みな話術で、保護者や生徒の心をしっかりとつかめることでしょう。

しかし、トークに自信のない職人タイプの人でも心配することはありません。私がやっているように、実績を数字で訴えれば、必ず注目してくれる人がいます。

また、もし開校当初でまだ実績がないという場合は、塾ができること、目指していることを明確に伝えることです。授業内容や他塾との違い、成績アップまでのプロセスなど、事細かに伝え、保護者の納得と信頼を得るのです。

両者に共通することですが、アピールする内容は、具体的に保護者が求めているものであることが必要です。

大手塾であれば「生徒のやる気を引き出します」のようなイメージ戦略でも通用するかもしれませんが、『ひとり学習塾』は、大手と同じ土俵で戦っても勝ち目はありません。目に見えて子供が変わることが必要です。

その点で言えば、保護者が塾に求めているゴールは、おおむね「成績を上げてほしい」「(親である自分が子どもの勉強を見られないので)子どもを塾に任せたい」という2つしかありません。

そこで保護者に伝えるべきなのは、求められているゴールを達成するための、自分の塾のやり方です。

「どうやって子どもの成績を上げるのか?」「なぜ、当塾に任せると安心なのか?」ということが相手にきちんと伝わるように、実績と仕組みで説明できれば、流行る塾になれるのです。

日本人は控え目な傾向があるためか、成績アップの実績があっても、なかなか表に出さない個人塾の塾長もいますが、それでは誰にも何も伝わりません。

控えめであることは、少なくとも『ひとり学習塾』の経営においては美徳ではないのです。

塾の力を理解してもらうために、どんどんアクションを起こしていくことが、生き残るための秘訣です。

第6章

塾経営でこれだけは知っておくべきポイント

掃除から授業まで全部1人でやるには限界があるので注意

この章では、『ひとり学習塾』を運営するうえで知っておくべきポイントについてお伝えします。

まず、塾長としての働き方ですが、『ひとり学習塾』と言ってもすべて自分で行う必要はありません。

授業や面談などのコアな部分を他人に任せるわけにはいきませんが、それ以外については外注しても構いません。全部を完璧にしようと考えなくても大丈夫です。

実際、私も事務処理についてはアルバイトを雇っています。どの生徒がいつ来るかわかるように、1カ月分の予定を表計算ソフトに入力するなどの作業をしてもらっています。

ただし、コアな部分以外でも、自分でできることは、自分でやるようにしています。

例えば掃除については、私の塾では週に2回掃除機をかけるだけなので、自分でやっています。

掃除が楽なのは、教室使用のルールを作って、なるべく汚れないようにしているからです。

消しゴムのカスは帰る前にゴミ箱へ捨てる、土足禁止（生徒はスリッパを持参）などのルールを生徒がしっかり守ってくれているので、教室はいつもキレイに保たれています。

このように運営が楽になるようルールをつくっておけば、『ひとり学習塾』でも仕事に追われることがなくなります。

『ひとり学習塾』の塾長は、その気になれば24時間働けます。だからこそ逆に、勤務時間を決めて、メリハリをつけるべきです。そのほうが心身ともに健康な状態を保つことができると思います。

いまはだいぶ改善されていると思いますが、雇われ塾講師は早朝出社・深夜退社が常識の激務です。

さらに経験が浅い人は授業準備に追われて、寝る暇もありません。

しかし『ひとり学習塾』の塾長の場合、ある程度の経験を積み、集客ができていれば、授業と面談以外の時間はほとんど自由です。

前にもお話ししましたが、私は塾で働く時間を午後2時から10時までと決めています。朝はゆっくり10〜11時ぐらいに起きて、午後2時に出勤。2時間ほど資料の作成や事務処理などを行い、4時から授業。夜10時に授業が終わり、10時半までには帰宅しています。

知り合いの『ひとり学習塾』の塾長たちも、おおむね似たようなライフスタイルです。睡眠時間を削って仕事をするような人はほとんどいません。

『ひとり学習塾』では、自分に合った無理のない働き方を自分で決めることができるのです。

生徒が増えると個別対応がおろそかになる

集客がうまくいき、生徒が増えていくのは嬉しいものですが、むやみに増やすことは禁物です。人数を増やし過ぎると、一人ひとりへの対応がおろそかになってしまうことがあるからです。

塾長1人できちんと対応ができる生徒数は、30〜40人くらいでしょう。もし60人、70人と増えていったら、保護者からの電話に出られなくなったり、生徒への声掛けが少なくなったり、何らかの歪が出てきます。

それでは面倒見のよさを売りにしている個人指導塾なのに、その売りがなくなってしまいます。継続してくれている生徒が退塾してしまうということにもなりかねません。

そのような事態を防ぐためには、信頼できる講師を雇い、複数人体制にして生徒数を増やしていくか、あるいは講師は自分ひとりのままで生徒数に定員制を設けることが考えられます。

私の場合は2年目に増床して、教室のキャパシティーを40人から70人に増やしたのですが、そのタイミングで講師を１人雇って２人体制にしました。

講師経験がある人は、自分のキャパシティー（教室のキャパシティーではありません）が感覚的にわかるはずです。

私は集団指導塾で講師をしていたときに、自分のキャパシティーは１００人くらいと感じていたので、個別指導なら、その半分の50人くらいが限界と考えました。そのため50人を超えるときに、２人体制にしたわけです。

現在は、教室の物理的なキャパシティーも勘案して、講師２人で生徒１００人を超えないようにしようと考えています。

生徒数を確保することはもちろん重要ですが、そのあとに自分がするべきことをしっかり考えて、集客に臨んでください。

安定経営の障害になるモンスターペアレントを見抜くコツ

「あのさ、ウチの子なんだけどさ。なんか成績が悪くって困っちゃってんのよ。なんとかしてくれない？」

突然、塾にこのような電話がかかってきました。

最初、自分の友人かなとも思いましたが、思い当たるふしはありません。

――いきなりのタメ口。いったい誰だ？

すると、少し話をしているうちに、相手の正体がわかりました。

入塾を希望する生徒の保護者だったのです。

生徒の成績を上げるのが塾の仕事ですから、なんとかしてほしいと言われれば、引き受けるのは当然です。

ですが、この電話の相手は、あまりにも非常識です。「親しき仲にも礼儀あり」と言われますが、親しくない仲ならもっと礼儀が必要です。子どもの塾の問い合わせに、親しみやすさを超えた、この馴れ馴れしさはありえません。

これではもし入塾しても、のちのちトラブルの元になるのは確実です。

そう判断して、丁重にお引き取りいただきました。

このような、自分の理解を超えている保護者、いわゆるモンスターペアレント予備軍は、学校だけでなく塾にもたびたび出現します。

モンスターぶりは、本当にさまざまですが、私の経験でいえば、以下のようなケースがありました。

・授業料を一切払わない（退塾してもらいました）。

・半年間かかる受験対策の授業を、12月に入ってから受けたいと言い出す。カリキュラム上無理だと断ると、「カリキュラムを何とかしろ」と言い始める（カリキュラムは変更できないとお断り）。

・100点以上成績を上げているのに「成績が上がらないじゃないか！」とクレームをつけてくる（他の塾をすすめ、移ってもらいました）。

また、こちらに非がないクレームの電話で1時間半も授業を止められたことがあります。「他の生徒の授業があるので、後にしてもらえませんか」と言っても、聞く耳を持ちません。講師の時間を奪うだけならまだしも、他の生徒の時間を奪うのは大きな問題です。

モンスターペアレントの特徴は、とにかく要望が多いことです。「客として来てやっているんだ」という態度で、入塾説明会の時点で無理な要望を言ってくる人は、お断りした方がいいでしょう。

また自分たちの都合で通塾スケジュールを勝手に決めてしまう保護者もいます。個別指導だから生徒の都合に時間をあわせて当然と思うのかもしれませんが、こちらはその生徒の専属ではないので、そうそう都合をつけることはできません。そのことが理解できないのです。

これくらいではまだモンスターペアレントとまでは呼べませんが、「ゴリ押しすれば通る」と思われると、要求がどんどんエスカレートしていきます。

モンスターペアレントに出会ってしまった場合、入塾前なら入塾をお断りするのが鉄則ですが、もし不幸にも入塾してしまったあとに正体に気がついたのであれば、退塾するように働きかけます。

幸いなことに、学校とは違って塾は生徒を選べるので、度を超えた人にはご遠慮いただくことができます。モンスターペアレントの対応よりも、ほかの生徒の指導やケアに時間を使うべきです。

大手学習塾とはまともに争ってはいけない

塾を経営していると、近所にある大手の集団指導塾の動きが気になってくるかもしれません。

しかし、それらの塾がどれだけ生徒数を増やそうと、進学実績を上げようと、『ひとり学習塾』が争う意味はありません。そもそも大手の集団指導塾は、個別指導を基本とする『ひとり学習塾』のライバルではないからです。

大手塾に通う生徒は、基本的にはよりレベルの高い学校に合格するために、切磋琢磨できる環境を求めています。

しかし、個人塾を選ぶ生徒や保護者の考え方はそうではありません。


「大手は生徒数が多いから、質問しにくいだろう。その点個人塾なら、わからなければ質問できそうな雰囲気がある」

「個人塾のほうが、面倒見がよさそうだ」

「ママ友が、あの塾の先生は話しやすいと言っていた」


『ひとり学習塾』がするべきことは、このような期待に応えることです。


近所に大手の塾があると、つい負けじとやってしまうのが広告の後追いです。

春期講習の集客を例にとって説明しましょう。

大手塾は、1月の終わりころから春期講習のチラシをまき始めます。

それを見て「生徒を取られてしまう！」とばかりに、慌ててチラシをつくり、2月の初めにチラシを配り始める個人塾の方が少なくないのです。

しかし、冷静に考えてみてください。資金力やネームバリューに劣る『ひとり学習塾』が、全国的に知名度がある大手進学塾に勝てるわけがありません。

『ひとり学習塾』が春期講習のチラシをまくのに適切な時期は、大手への入塾者がほぼ出揃った3月の初旬から中旬にかけてです。言い方は悪いですが、『ひとり学習塾』の集客は、大手塾が刈り取らなかった顧客を拾っていくようなイメージです。

ただここで誤解してほしくないのは、生徒たちは、第一志望の大手塾に入れなかったからやむなく『ひとり学習塾』に行くわけではないということです。

『ひとり学習塾』を選ぶ生徒は、そもそも大手塾に行こうとは考えていません。大手塾が巨額の資本を投入して入塾を誘っていても「自分とは関係がない」と思っている生徒が『ひとり学習塾』のターゲットです。

『ひとり学習塾』は、大手塾同士が争ったあとでゆっくりと集客を始めれば十分です。自分にとって意味のない競争に巻き込まれに行く必要は、まったくありません。

最初に月謝を安くすると、あとから上げるのに苦労する

「開校当初は月謝を安くして生徒を集め、実績ができたら値上げしよう」という人がいるかもしれませんが、おそらくその考えは失敗するでしょう。

保護者は入塾した時の条件はずっと続くものだと考えています。もしその条件を反故にするようなことがあれば、猛反発は避けられません。

月謝は一度決めたら、借家の教室から大きな自社ビルに校舎を変えるなど、よほど大きな変化のない限り、変えられないものと思ってください。実際、私も開校以来、月謝を上げたことはありません。

ただし、これは毎月定額の〝月謝〟に限ったことです。

特別な受験対策やテスト対策の講座、季節講習など、通常授業以外の「オプション講座」であれば、自由な価格設定はもちろん、値上げは可能です。

オプション講座は、購入するかどうかは保護者や生徒に選ぶ権利があるので、高いと思ったら買わなければいいだけです。そのため、それほど反発はありません。

私は開校当初の生徒が少なかったころは、テスト対策を5000円でやっていました。より多くの生徒を集めるために、妥当だと思う価格よりも少し安くしていたのです。

すると徐々に生徒が集まったので7500円に価格を変更。それでもほとんどの生徒が受けてくれたので、現在の9800円にしたという経緯があります。

とは言え、収益面で考えると、オプションはあくまでもオプションです。価格を上げたとしても、増える収入には限界があります。やはり塾の安定収入のメインは月謝です。最初に安い価格を設定したら必ず後悔します。慎重に決めましょう。

親への「大丈夫ですよ」は禁句

「先生、うちの子、志望校に受かりますか？」

「成績は上がりそうですか？」

保護者から心配そうに相談されて、つい「大丈夫ですよ！　こんなにがんばっているんですから」と答えてしまうことはありませんか？　そう答えたくなる気持ちはわかります。

ここで自信がないような素振りを見せると、不信感を抱かれて転塾されてしまうのではないか、という不安があるからです。

しかし、「大丈夫です」は簡単に口に出していい言葉ではありません。

私はこういうとき、「まだ勉強が足りません。もっとがんばりましょう」と言います。

さらに場合によっては、これからの勉強プランや勉強方法の改善案を、なるべくお金のかからない範囲で提案します。

私の「もっとがんばらないと」という発言には、「もっと『うちの塾で』がんばらないと」という意味が込められています。

だから新しい勉強プランを提案するのです。そうすれば、保護者も「じゃあ、もっとがんばらせますね！」と協力してくれます。

塾と親子の３者で、目標に向かって行くことができます。

そもそも保護者が「うちの子、大丈夫ですか?」と聞いてくる理由は、目標がどこにあり、その中で自分の子どもがどのポジションにいるのかわからずに不安だからです。本当に大丈夫な生徒の保護者は、そのような質問はしません。

「大丈夫ですか?」と聞いてくる保護者は、生徒の普段の勉強ぶりや成績を見て、心のどこかで「大丈夫じゃない」と思っているのです。

そのような状況にあって「大丈夫です」と言ったにもかかわらず結果が出せなかったら、「なんだ、話が違うじゃないか!」と、保護者は怒り心頭でしょう。

しかし、「大丈夫でしょうか?」と尋ねられて「もっと勉強が必要です」と言っておけば、結果が出なかった場合でも「先生の言う通りだった」ということになり、信頼を失うことにはありません。

もし本心で「これだけ勉強しているんだから大丈夫だろう」と思っていても、正直に答えるべきではありません。

どんなに模試の判定結果が良くても、絶対に合格するわけではないからです。ここでは妙な余裕を見せず、目標達成の可能性がより高まるアドバイスをするのが誠実な対応なのです。

保護者には絶対に自分の携帯番号を教えてはいけない

保護者に自分の携帯電話番号を教えてしまうと、昼夜関係なく電話がかかってくるかもしれません。これではプライベートを保つことができなくなってしまいます。

しかも、携帯電話番号を教えるのは、「いつでもかけてくださいね、いつでも出ますから」と言っているのと同じです。もしわざとではなくても電話に出られないことがあると信頼を損ないかねません。

特に女性は「相談があるのに電話に出てくれない」状態に強いストレスを覚えるようです。コミュニケーションを密に取ろうとすることで、かえって信用を失ってしまったら本末転倒です。

第5章で紹介した、朝でも夜でもLINEの相談に乗る塾長も、携帯電話番号までは教えていません。LINEは自分が返信しやすい時間に返信しているのであり、いつでも「即レス」しているわけではないのです。

塾の電話番号は固定電話にし、受付時間は開塾時間と合わせるか、前後に少しはみ出る程度にしておくことをおすすめします。

何かの事情でどうしても固定電話を取得できない場合は、もう１台塾専用の携帯電話を契約するか、スマホにＩＰ電話を入れるなどで代用したほうがいいでしょう。

仕方なくバイトを雇うことになったときの注意点

私は一貫して、講師に大学生などのアルバイトを使うことには否定的です。しかし、ケガや病気で一時的に授業ができなくなったり、突発的に生徒が増えたりして、どうしてもアルバイトを雇わなければならない場合が出てくるかもしれません。

そのようなとき、必ず注意しなくてはならない点がいくつかあります。

まずアルバイト講師と生徒が付き合わないようにすることです。

大人と子どもの間でそんなことがあるのかと思うかもしれませんが、バイト講師が大学１年生、生徒が中学３年生だとしたら年齢は４歳しか違いません。しかも、いまの中学３年生の知識や感性は、昔では考えられないほど大人びています。

もしそんなことになったら、塾の社会的な信用は完全になくなるだけでなく、保護者から訴えられる可能性もあります。塾長は、講師と生徒の関係に目を光らせておく必要があります。

もうひとつのリスクは、講師が遅刻や急な欠勤などで授業に来ないことです。これは生徒に大変な迷惑をかける行為であり、授業料の返金を求められても仕方ありません。

もし大学生のバイト講師を雇うのであれば、生徒とプライベートで関係を持たないこと、就業規則を守ること、勤務時間を守ることなどについての誓約書をとるべきです。とは言うものの、それを書いたからといってリスクが減るわけでもありません。

自分以外に講師が必要になったのであれば、社会人経験のある人を正社員として雇うべきです。アルバイトなら人件費を抑えられると思われがちですが、時間あたりの単価は正社員と大して変わりません。授業のコマ数にもよりますが、ひと月5万円のアルバイトを5人雇うか、月給25万円の正社員を1人雇うかの違いです。

それなら責任感も信頼感もある社会人の方がいいでしょう。

ちなみに講師ではなく事務作業であれば、アルバイトでもまったく問題ありません。スキルとしては、パソコンが普通に使えれば十分でしょう。

もし塾長が男性なら、事務のアルバイトは女性がいいかもしれません。

例えば女子生徒が生理痛で塾に来られないとき、保護者からの電話を女性のアルバイトが受ければ、スムーズに話ができるなど、男性ではできない部分を補えるからです。

開業から1年間は休みがないことを覚悟する

開業当初は生徒が少ないので、ほとんど毎日が休みのようなものです。

このようなときに、サボらずにやるべきことをやっておくことで、後の運営が楽になります。

塾を運営しはじめて半年ほどすると、生徒が2、30人くらいになります。そうなったときにがむしゃらに働けるよう、必要な準備をしておくのです。

私が開業半年後くらいまで、授業のない時間に力を入れて行っていたのは、個別指導で使うワークや、129ページで紹介した国語の教科書ガイドのように生徒がテスト対策で使うための、塾オリジナルの教材作りです。

「授業もないのに、なぜ教材作りをしていたのか」と疑問に思われるかもしれませんが、それには理由があります。

塾講師は、教えるべき内容を授業中に板書をしたり、説明したりするのが一般的です。しかし紙の資料や教材に、授業で伝えるべきことを事前にまとめておけば、生徒はそれらを見ることで、自習によるテスト対策ができるようになります。

いま、私が個別指導で5人を同時に見られるのも、ワークと解説書があるからです。ハードを活用することで、直接教えなければならない部分を減らし、効率的な授業が可能になります。

現在、私の塾では8年前の開業当初に作ったオリジナル教材を使っています。

生徒が少なく授業の予定があまりないうちに、このようなツール作りをコツコツと進めておけば、後が楽です。

私は各学年の1年分の教材すべてを開業後の半年間で作ったので、ちょうど生徒が増え始めたころには、それらの教材を使うことで授業に集中できるようになり、予習も必要なくなりました。

また、開校したばかりのころは、たとえ生徒が少なくても、テスト対策などの要望があれば、校舎を開けたほうがいいでしょう。生徒が1人でも、土日に塾を開けておけば、「この塾は面倒見がいい」という口コミが地域に浸透します。休みたい時に休めるようになるのはそれからです。

開業してから生徒が集まるまでの半年〜1年間は、基本的に休みはないと考えてください。開業当初の積み重ねが、1年後の人気塾を作ります。

FCで成功する人、失敗する人

本書の読者の中には、個人での独立以外にFCへの加盟を検討している人も多いと思います。本書でも折りに触れ大手塾のFCについて私の考えを紹介してきましたが、ここで改めてFCのメリットとデメリットについて検討してみましょう。

FCに加入する最大のメリットは、ノウハウが手に入ることです。授業の方法、集客術など、確立したものを手に入れた状態で経営をスタートできます。

例えば広告を例に取ると、4月に開校した個人塾が、集客に焦って5月のゴールデンウィークにチラシをまくことがあります。しかし、この時期は多くの家庭は旅行に行くので、じっくりチラシを見ることがありません。冷静に考えればわかることですが、個人の場合、このような間違いをやりがちなのです。

しかしＦＣのノウハウがあれば、こういうミスを予防できます。

もうひとつのメリットは、看板に人が集まることです。テレビＣＭで見たことがある有名な塾の名前で集客できることは大きな強みです。一方、周りに大手がひしめくような環境で個人塾を開業した場合、ゼロというよりもむしろマイナスからのスタートといえます。

またＦＣに加盟するというと、まるで大企業の社員になるかのような印象もあり、家族や友人・知人など周囲からの賛同も得られやすいでしょう。

このように良いことづくめのＦＣのようにも思えますが、当然デメリットもあります。

やはり一番のボトルネックは、１０００万円にものぼる初期費用の高さです。

30代の塾講師が独立を考えた場合、そこまでの資金を用意できる人はそうそういません。

私も独立を考えた際、最初に検討したのはＦＣです。しかしどのＦＣも、加盟するために、やはり1000万円以上の初期投資が必要でした。

当時そこまでの資金を準備できなかった私は、個人塾を開業する道を選びましたが、結果として、個人塾を選んで良かったと思います。

もしFCに加盟していたら、失敗していたのではないかと感じます。これは私だけの話ではありません。事実、私の知り合いにもFCで苦労している人はたくさんいます。

なぜそうなるかと言うと、一番の原因は、〝他責思考〟にあると私は思います。

これだけ有名な塾だから、集客には困らないだろう。1000万円もかけたのだから、本部が何とかしてくれるだろう。

FCに加盟する人は100人中100人が、こんな風に「誰かがやってくれる」と思っています。厳しい言い方になりますが、その主体性のなさが、失敗の原因です。

FC本部の仕事は、ノウハウと看板を提供することであり、それらを使ってどのように切り盛りしていくかは、加盟者の裁量です。

もちろん加盟者が成功したほうが、FC本部にとってもより多くの収益が上がりますが、その指導には、多大な手間とコストがかかります。

それよりも、新しい加盟者を獲得し、初期費用の1000万円を受け取ったほうが、本部にとっては手っ取り早く利益をあげられます。

FC本部の仕事は、第一が加盟者を増やすことであり、加盟者の塾を繁盛させることは後回しになっています。ここを勘違いして「困ったら本部が何とかしてくれる」と依存してしまうと、なかなかうまくいきません。

失敗するもう一つの理由は、塾長の個性を出しにくくなることです。

例えば広告を打つ際には、チラシの配布や広告など、本部の指示による画一的なフォーマットに従う必要があります。また授業内容や方法なども他のFCと差が出ないよう、全FC共通のものです。

そのため、塾長の個性や地域性を生かした、独自性を出すことができないのです。

FCで成功する人は、仮にFCに加盟しなかったとしても成功する能力のある、塾業界未経験の経営者でしょう。そのような人たちは、塾業界の利益率に注目し、既存のノウハウを手に入れることで成功へのスピードを速くするため、FCに加盟しているのです。

しかし、ある程度経営のノウハウなどがわかれば、塾講師などの業界経験者が、大金をかけて加盟する価値があるかどうかは、大いに疑問があります。

私もＦＣの説明会に参加して、「成功する塾をつくるために、１０００万円もお金がかかるわけない」と思ったので、加盟には至りませんでした（本当にお金がなかったというのもありますが）。

戦う場所を間違わなければ、教育者としての経験を積んだ塾講師や学校の先生が始める『ひとり学習塾』のほうが、よほど勝算があると思います。

理想のＦＣは「パートナー制」

塾業界経験者がＦＣに加盟せずに個人塾を立ち上げるにあたって、ひとつ問題があります。それは経営のノウハウを教えてくれる人がいないことです。

一方、大手塾にとっても、ＦＣ加盟者を増やし続けることを目的とした、焼畑農業的なビジネスモデルにも限界があります。むしろ、やる気のあるＦＣ加盟者の塾を成長させ、そこからの収益を増やす方が健全なビジネスと言えます。

そこで、大手塾の経営ノウハウを活かし、かつ熱意ある個人が少ない負担で開業するための方法として私が考えたのが、次のような仕組みです。

これから開業する個人塾（オーナー）は、自分で物件を探して契約する。
それ以外の開業に必要なチラシや看板などの初期投資は、経営ノウハウを持つ既存の塾（本部）が負担する。

塾の名称や授業方針は本部と同じものとして、オーナーの経営がうまくいけば、売上の10％前後をロイヤリティーとして本部に支払う。ただし経営が軌道に乗る前、例えば生徒数が20人を超えるまでは、ロイヤリティーは発生させない。

この方法であればオーナーの初期費用は物件取得費のみで済むので、100万円程度を用意すれば開業できます。

さらに、オーナーと本部の利害のベクトルは一致しています。

オーナーがたくさん生徒を集めれば本部も潤いますし、本部も初期投資を回収するためには、本気でオーナーを応援しなければなりません。

実はこの方法は、私が「パートナー校舎」制度として最近始めたもので、本書を執筆している時点で2校、開校が決定しています。

若くて熱意と将来性のある教育者と手を結び、成績アップに成功する生徒を各地で増やしていきたいと思っています。

第7章

あなたは、稼げない塾講師？稼げる塾長？

勉強嫌いな子、成績の悪い子ほど爆伸びする

「ステップアップは日本一成績を上げる塾です」

普段からこう公言している私ですが、たまにこんな陰口を言われることもあります。

「あの塾は成績の悪い子どもばかり集めてるんだから、点数が上がって当たり前だ」

そう言われると、苦笑いせざるをえません。

確かに、私の塾に来る生徒のほとんどは、成績は今ひとつです。順位で言ったら、後ろから数えたほうが早い生徒も少なくありません。

そのような生徒たちだから伸びシロが大きいというのも、また事実です。80点の成績を90点にするよりも、30点を60点にするほうが簡単だからです。

しかし、「点数が上がって当たり前」というわけではありません。

私の塾に来るのは、勉強する習慣のない生徒がほとんどです。そのような生徒は、ただ勉強を教えてもできるようにはなりません。生徒自身が本気になって勉強する習慣を身につけてもらう

ことが必要なのです。

そして、この「本気になってもらうこと」が、実はとてもむずかしいのです。

今まで、暇があれば、スマホをいじったりゲームをしていたりというような生徒が、自分から進んで必死になって勉強するようになるためには、大人こそが本気になって、生徒たちと向き合わなければなりません。

そして、私の塾はその「本気度」が違うからこそ、「日本一成績を上げる塾」と胸を張って言えるのです。

訳知り顔で、「成績が悪い子どもだから点数が上がって当たり前」という人もいますが、テストの点を１００点上げるのは、実際には至難の技です。

子どもたちに信頼され、本気になってもらう術を知らなければ、できることではありません。

事実、私が今の場所で塾を開いてから、ほかの塾がいくつも廃業しました。それは、生徒を本気にさせる方法を知らなかったからです。

成績の悪い生徒は、頭が悪いということではありません。本気で勉強をする方法と、「わかる、できる」の楽しさを知らないだけです。そしてそれを伝えられるのは、子どもたち以上に本気で成績を上げようとする大人しかいません。


まさに、情熱塾です。

私は、そのような熱い塾を、日本全国に広げていきたいと本気で思っています。

偏差値34でもたった一つの「自信」を見つけよう

成績は、何か一つ自信をつけると、急激に伸びることがあります。


私は高校時代、大学受験を控えた模試で34という偏差値を取りました。

特に暗記科目が苦手で、一つのことを覚えるのに人の何十倍も時間がかかりました。

その代わり、なぜか数学だけはできました。それが精神的支柱になっていたからこそ、浪人時代に他の科目も学習することができたのだと思います。

数学は基本的に一つひとつの解答パターンを覚えて、その組み合わせで難しい問題を解く教科です。

英語も同じです。単語とイディオムを覚え、本文を読む練習をしっかりすれば、点数が取れるようになります。

国語も129ページで紹介した解法のテクニックをたくさん練習しました。

地理は暗記科目ですが、覚える方法を工夫することはできます。

私は無機質にただ記憶するだけではなく、論理的に理解することに努めました。

「この場所だから、こういう気候。だからこういう農作物が育って、こういう産業が盛んなんだ」という具合です。すると一つのことから、数珠つなぎになって他のことも思い出せるようになります。

私は数学の〝問題を解く〟ことが得意だったので、同じ〝解く〟というアプローチで苦手教科を克服しました。暗記が得意な生徒であれば、〝覚える〟というアプローチで他の科目も対応できるはずです。勉強では、一つでも得意な方法があれば、それを軸にして全体の成績を上げることができます。

塾経営も同じです。

私も、何もないところから独立できたわけではありません。学生時代の勉強や、大手個別指導塾や集団指導塾で講師として働いた経験を積み上げて、いまがあります。

"自分だからこそできること" をいくつも組み合わせることで、唯一無二の塾ができるはずです。

稼げない塾講師か、稼げる塾長か、目指すのはどっち？

大黒柱として家族を養うとしたら、月給は手取りで30万円くらい必要でしょう。しかし、雇われ塾講師では、教室長レベルでも月給30万円に届くか届かないか、といった水準です。

教室長は、一つの校舎を運営する高度なスキルを持っているにもかかわらず、家族を養えるギリギリの収入しかないというのは、当人としては物足りないのではないでしょうか。

そのような人で、もし「この塾の看板がなくても、自分なら生徒を集められる」という自信があるなら、一歩踏み出すべきです。

自信といっても、おおげさなものではありません。「自分が教室で一番の実力者」という感覚があればゴーサインです。

具体的な目安は、勤めている塾で、保護者や生徒からの相談件数が一番多いことです。

信頼できなかったり、近づきがたいオーラが出ている講師には、人は近づきません。

求められる塾講師の条件は、一番はやはり成績を上げてくれることですが、それと同じくらいに人間的な魅力が必要です。

そして、保護者や生徒から相談される件数が多いということは、求められる講師の条件を十分に満たしているということです。

現在勤めている塾でナンバーワンの実力の持ち主であれば、独立して１年後には、確実に生徒が集まります。

独立のタイミングを見るもう一つのポイントとしては、会社が手離したくないと思っている人材かどうかです。

塾は教室によって売上に差があります。

もちろん、教室の広さや生徒の人数によって必然的に生じる差はありますが、基本的には特別に広いものでなければ、どの教室も生徒数のキャパシティ的には大差ないでしょう。

教室の広さもさることながら、売上に差がつく要因となるのは講師の実力です。

人気のある講師であれば、入塾希望者がどんどん増えるからです。

そして本部にしてみれば、塾の社員や講師に給料を払うために、稼ぎ頭の校舎があげている利益は欠かせません。

そこまでの存在になれば、塾としては人気講師にやめられたら非常に困るはずです。やめたいという意思表示をしたら、あれこれと理由をつけて慰留することになるでしょう。

しかし、まさにそのような人材こそが、独立するべき人材なのです。

実は『ひとり学習塾』の塾長の方が時間もお金も自由に使える

『ひとり学習塾』の塾長の時間は自由です。

「たくさん人を雇った方が、自分の時間は自由になるんじゃないの?」と思われるかもしれませんが、実はそうではないのです。

アルバイトを雇ったら、その管理のためにお金や時間を割かなければなりません。

まず採用のためには募集広告を出したり、面接したりする必要があります。

そして採用後には、スケジュール管理や緊急時の連絡。さらにバイトを辞めないように、相談に乗ったりご飯に連れて行ったりすることもあるでしょう。

これに授業や集客のための時間も加わるので、塾長のスケジュールは毎日カツカツです。


私の知人に、アルバイト講師を雇っているFC加盟者の塾長がいますが、彼の１日は次のような流れです。


早朝に出勤して、今日のシフトを確認。大学の講義で来られなくなったバイト講師の代わりを見つけるために、他の講師に連絡。しかし穴が埋められず、泣く泣く保護者に電話して謝り、別の日に振り替え。

連絡の合間に来月のシフトを作成し、全員に連絡。

そんなこんなでドタバタしているうちに授業時間になり、夜10時まで自分が受け持ちの授業。

その後、本部への報告書を作成。実施した授業のコマ数や教室の様子などをまとめた報告書を送り、やっとひと息。それでもまだ帰れず、本部から確認の電話がかかってきて、ようやく塾での１日が終わります。

ＦＣの塾長の帰宅時間は早くて11時、日付を超えることもしばしばです。

こんな実態はＦＣのパンフレットに載っていないでしょう。


『ひとり学習塾』であれば、報告を上げる本部も、突然休むバイト講師もいません。

また、バイト講師の採用や管理にかかるコストもかかりません。

私は、そのようなことにコストをかけるよりも、顧客である生徒に使ったほうがいいと思っているので、テスト前後に餃子パーティーやたこ焼きパーティー、流しそうめん、夏祭りなどのイベントをしたり、受験が終わったら打ち上げをしたりして、生徒といっしょに楽しんでいます。

このほうが、塾にとって、よほど〝生きたお金〟になるのではないでしょうか。

しかもこれらは全部、経費で落ちます。税金のかからない「自由なお金」です。ＦＣだと、こんな勝手なことはできません。


雇われ講師はＦＣ加盟者よりもさらに不自由です。

拘束時間が長く、場合によっては時給換算で５００円くらいになることもありえます。

また、就業規則では１日８時間労働ということになっていますが、授業以外に丸つけや授業準備などをすると、１日12時間は必要です。

あまりにもブラックなので、最近では夜11時以降は残業禁止という塾も増えているそうですが、実際には、家に持ち帰って残業をしている講師が多いようです。

私はそもそも塾にいる時間が短いのですが、仕事が趣味のような感覚なので、テスト前は祝日も塾を開けています。

こんな働き方を「１人ブラック」という人もいるかもしれませんが、誰かに強制されてやっていることではなく、自分がやりたくてやっていることなのでまったく苦になりません。

時間とお金が自由に使えるからこそ、授業への情熱も湧いてくるのです。

疲弊した状態で押し付けられた仕事をこなしているだけでは、指導も型通りになり、実績をあげることもできないのではないでしょうか。

成功したいなら圧倒的な行動量が必要

独立開業で成功したいなら、何はなくともまず行動です。

塾講師や学校の先生は、どちらかというと行動力のある人よりも、与えられたことをこなすタイプの人が多いと思いますが、受け身の姿勢では何も生まれません。

例えばもっと授業がうまくなりたいのであれば、うまい人の授業を見学するなど、自ら動きだすべきです。遠慮する必要はありません。厚かましさも才能です。たった一つの行動で、世界が一変することもあります。

集客も同じです。

「独立してチラシを打ったのですが、なかなか生徒が集まらないのです」

こんな風に相談されることがありますが、私はこうアドバイスをします。

「ただ待っていても、生徒は集まってきません。足を使ってポスティングしたり、公園でチラシを配ったり、できることはたくさんあるはずです。ぜひやってみてください」

私自身、集客については試行錯誤を続けてきましたが、我ながらよくやったと思うのはチラシです。何度も改良を重ね、最も効果がある形に落ち着くまで5～6年かかりました。

素人同然の状態から最初は白黒で作り、デザインソフトが多少使えるようになってからは、文字ばかりのものや画像を大きく使ったものなど、いろいろ試してみました。

広告代理店のように日々チラシを作ってはポスティングし、どのデザインがもっとも反応がいいのか、データを集めていきました。

もう一つは授業の下準備です。前にも述べた通り、塾用テキストについてはすべてのページの解説をつくってあります。これが個人指導やテスト対策において、授業の効率化という面で非常に役に立っています。

経営の相談をされた塾長さんにオリジナル教材について話すと、「こんな面倒くさいことをやっているんですか！」と驚かれます。

しかし時間がかかったのは、教材を作った開業初年度だけです。

普通の個人指導では、１時間で1〜2人しか見ることはできませんが、解説書をつくったおかげで、私は1時間に5人を見ることができます。余裕のあった時期に手間をかけただけで、あとは非常に効率的な授業ができているのです。

それを考えれば、全然「面倒くさい」などということはありません。

テスト対策の丸つけについても、毎日1〜2時間もやっている塾はあまりないでしょう。

しかし、この作業をすることで生徒たちは自分がやるべきことがわかり、短期間で確実に弱点をつぶし、テストの点数をあげることができるのです。

この手間を省いてしまったら、短期間での劇的な成績向上は実現しないでしょう。


これらはすべて、効率を考えてやっていることです。一つひとつの作業は面倒に見えるかもしれませんが、結局はそれが収益力のアップにつながります。

何でも思い立ったらすぐに行動することです。

何時間、何日、場合によっては何年とかかる場合もあるかもしれませんが、結果が出ると信じてやってみてください。

「勉強しない子」はいるが「勉強できない子」はいない

塾に来る生徒は、普段の成績によって3つの層に分かれます。


まずトップ層です。

こちらは学校の成績は常にトップレベルで、受験対策のために塾に通うグループです。

普段からテストで各教科90点以上を取り、学年で10番以内に入っているような生徒なので、学校の勉強だけでは物足りず進学塾に通い、受験に特化した発展内容や入試問題を解いています。

主に大手の集団指導塾がターゲットにしている層です。


次が中位層。トップ層よりも下で、成績順位が半分から上のグループです。一番のボリュームゾーンであり、大手以下の集団指導塾や多くの個別指導塾がターゲットにするグループです。

中位層には、たいして勉強しなくても平均程度の点数は取れる生徒もいれば、本人なりに勉強はしているけれど、なかなか成績が上がらない生徒もいます。

最後が下位層。学年順位が半分以下の生徒たちです。

この層にも、中位層と同じように勉強はしているものの成績が伸びない生徒もいますが、最初からまったくやる気のない生徒もいます。


この中で、『ひとり学習塾』が対象とするべきなのは「勉強をやっている、あるいはやる気はあるが、成績がいまひとつの生徒」です。

この生徒たちの成績が伸びない理由は、勉強の仕方を間違っているか、勉強時間が足りないかのどちらかであり、塾でその点を修正できれば、成績は必ず上がるからです。

例えば、ほとんど勉強をしないけれど、平均点くらいは取れているという中位層の生徒であれば、塾に来て少しでも勉強をする習慣を身につければ、5教科で320~330点くらいだった点数が、400点くらいに上がります。

一方、同じく中位層で、勉強はしているものの成績の伸びが止まってしまっているタイプは、保護者に買い与えられたワークなどをがんばってやっているものの、わからないところがわからないままになってしまっているので、テストの点数が上がらないというケースが多いのです。

その場合は塾で、つまずいている点を明確にして、そこをできるようにすることで成績は見違えるようにあがります。

下位層で、勉強をしているのに成績が上がらない場合は、解けない問題には取り組まず、まずはできるところから確実に点を取ることです。それを続けていくうちに平均点が取れるようになり、成績も上がっていきます。

このように、やる気があるのに成績が伸びない生徒は、勉強の方法を間違えているか、あるいは単純に勉強時間が不足しているかのどちらかです。

だから、塾に入って正しい勉強法を身につけ、圧倒的に勉強量を増やすことで、必ず成績は上がるのです。

そういう意味では、「勉強しない子ども」はいても「勉強できない子ども」はいないのです。

やる気を引き出す魔法の言葉はない

最初からやる気に満ちた生徒はいません。

生徒の中にあるのは、「自分は勉強ができない。何とかしなきゃ……」という焦りのような感情です。

この負の感情をやる気に変える方法は「小さなことで自信をつけていく」ことです。

確認テストも最初は20問中2、3問しか正解できないかもしれません。

それでも、「何時間かけてもいいから、しっかり覚えてから受けるんだよ」と声をかけ、じっくり勉強させると、満点か、それに近い点数を取れるようになります。

このときには「できるじゃん！」と生徒といっしょに喜びましょう。

この瞬間から、勉強が大好きになる生徒もいます。

あるいは、一つの教科を集中的に対策するのもいいでしょう。

すべての教科で100点満点中10点しか取れなかった生徒が、社会だけ集中的に勉強して70点を取ったところ、次のテストから全教科をがんばるようになりました。

このような事例もたくさんあります。


やる気を引き出すのに、機械のスイッチを押すような〝魔法の言葉〟はありません。

本人が一つひとつ勉強を積み重ね、自分が今まで「取れない」と思っていた点数が取れたとき、自信を持つとともにやる気が出て、人が変わったようになるのです。


ただ難しいのは、一度出たやる気を持続させることです。受験勉強のように、長い道のりをたどってゴールを目指すような勉強だと、なおさらです。

そこで、私の塾では、学校の授業がある学期中はやる気をキープし、夏休みや冬休みには、いったん充電期間に入ります。

学期中の定期テスト対策であれば、1年間で5回テストがあり、しかも集中するべき期間も決まっているので、やる気も持続するからです。

テスト前の3週間にしっかり集中し、学校がある他の期間は週1～2回のペースで授業を行う。長期の休みはしっかり休む。という流れでメリハリをつけています。

集中して勉強するためには、目標設定も大切です。目標が適切なものでなかったら、やる気を持続するのは難しいからです。その目標を点数で表すのであれば、次のようになります。

成績上位層の生徒であれば、90点以上を。
成績中間層であれば、平均点＋20点を。
成績下位層であれば、40点、50点を。
など、一人ひとり普段の成績に応じて、面談をしながら決めていきます。

点数を目標にする理由は、すぐに努力の結果がわかるからです。先生が○×をつけた答案は通常、テストの翌日に返ってきますが、順位が発表されるまでには1～2週間ほど待たなければなりません。
このタイムラグがくせ者です。タイムラグがあると、生徒の努力と結果が結びつきにくくなるからです。

すぐに結果が返ってくれれば、「これだけがんばったから、点数が増えたんだ」ということがわかりやすく、自信を引き出せます。

また目標設定は、私が独断で決めるわけではありません。

入塾説明会で、保護者と生徒から、現状の点数や普段の勉強の仕方、そして最終的に定期テストで目指す点数を聞き、そのうえで決定しています。

そしてその目標にできるだけ近づけるよう、勉強のプランを立てて説明し、段階的に調整します。

例えば普段の点数が250点（5教科平均50点）くらいで、目標が350点（平均70点）なら、まず半年かけて300点を目指す計画を提案します。

入塾して、半年後に300点をクリアできたら、今度は350点を超えるために必要な計画を立て、必要な行動について説明します。

このように、目標を達成したら、次の目標もいっしょに考えるのです。

やる気が続く目標設定のポイントは、生徒・保護者の意見を聞き、それを達成できるように細かく刻んであげること。

最終目標に近づくに従って、細かい目標の一つひとつが成功体験になり、自信とやる気が生まれます。それが成績アップにつながり、よいサイクルになるのです。

第8章

『ひとり学習塾』の開業&経営に関するQ&A

Q 個人での塾開校にはどの程度の予算が必要ですか？

A

地域にもよりますが２００万円から３００万円くらいを想定しておいてください。

私が２０１６年に名古屋市の郊外で開校したときは１２０万円でした。

内訳は物件取得費が80万円（家賃10万円＋保証金その他）、看板代が15万円、その他の備品代が25万円です。

ただ、現在は物価があがっているのでここまで抑えることは難しいと思います。

２０２４年３月、私は名古屋市の比較的にぎやかな場所に、教室のキャパシティーが40〜50人の新校舎を開校しましたが、かかった費用は２２０万円になりました。

内訳は物件取得費が１２０万円、看板代は34万円。備品は机が１台５０００円、椅子が一脚２，５００円で、それぞれ10万円。

看板代は８年前と工賃は変わらないのですが、材料費が高騰しています。

また、福島県にパートナー校舎を開校しましたが、その費用も、２００万円くらいです。首都圏になると、物件取得費がもっとかかるかもしれません。

物件取得費（家賃の８カ月〜12カ月分）＋１００万円ぐらいが塾開校費用の目安になると思います。

Q 独立開校当初は資金繰りが厳しいのでしょうか？

A 生徒が集まるようになるまでは厳しいでしょう。

集客が軌道に乗るまで、半年くらいかかるので、独立にあたっては、校舎の家賃と生活費の半年分を確保しておくことをおすすめします。

塾経営における大きな支出は家賃くらいなので、賃料と生活費をまかなえるだけの売上を確保できれば、資金繰りは問題ありません。

つまり開校費用とは別に、用意しておきたいお金の目安は

（校舎の家賃＋生活費）×６カ月

となります。

ただ実際のところ、塾講師や学校教諭の方が、給料から貯金を続けてこの全額を捻出するのは難しいと思います。

私の場合は妻が働いていたので、開校当初は私の貯金と妻の給料で生活していました。

独身で貯金もない人は、開校初年度はアルバイトをする必要があるかもしれません。授業のない午前中などに、コンビニ店員や清掃のパートなどをするイメージです。

知り合いの教室長の中には、午前中に趣味と実益を兼ねてテニスのインストラクターとして活動し、午後に塾の授業を行うというパワフルな人もいます。

私はなるべく塾に専念したかったので、開業時に300万円の融資を受け、開業費用として120万円を使い、残りは運転資金としてプールしておきました。

ちなみに融資分については、順調に生徒が集まったので、すぐに返済できました。

Q 独立開校時には、生徒は何人くらいいますか？

A 何の策も打たなければ、開校時には、生徒は1人もいないことを覚悟してください。

1人目が入塾し、2人目が入り、1、2カ月で数人といった規模になります。

順調に行けば半年で10〜15人くらいになり、そこから30人に増えるのは早いでしょう。ある程度の生徒がいると、口コミなどの拡散力が強くなるからです。

私は開校時で知り合いのお子さん2人に入塾してもらい、加えて開校時に入れた新聞折り込みチラシや学校帰りの生徒への手渡し、ポスティングなどの中から入塾した生徒を合わせて、5人でした。その後、紹介でのつながりや、すぐに実績をあげられたことなどから、2カ月目には15人になっていました。

紹介をお願いしたり、さまざまな場所でチラシを配ったり、集客の手間を惜しまない塾長であれば、2、3カ月で10〜15人ほど集めることは難しくありません。

最初の15人を集めるまでは、足を使って動いていくことが大切です。

Q 開校に適した時期はいつですか？

A

3月です。塾の新年度は3月前後にスタートするからです。

集団指導塾の場合は勉強に積極的な生徒が多いので、冬期講習のころから新年度の営業を始め、3月初めにカリキュラムが始まります。

一方、個人指導塾は少し遅れて3月に動き始め、4月に入塾するのが一般的です。

そのため3月にスタートすると、集団指導塾への入塾を見送った生徒を、他の個人指導塾に先んじて集めることができます。

Q 地域の他の塾とは、どのように差別化すればよいでしょうか？

A

徹底的に生徒と保護者に寄り添うというのが一つの方法です。

寄り添い方にはさまざまな方法があります。

・アルバイトを雇わずプロの講師が教えること。これは『ひとり学習塾』ならではのメリットです。

・テスト時期や受験時期など、生徒の求めに応じていつでも校舎を開けておく。これは、労働基準法を遵守しなければならない大手塾ではできません。そのような塾が休みのときでも開校していることが、差別化になります。保護者にも生徒にも、一番わかりやすい方法です。

他に、少し変わった目線では、地域に貢献するという方法もあります。

知り合いの塾長は、東京の、有名人が多く住んでいることで知られている地域で開業しており、自治会の活動に力を入れています。

そこで仲良くなった有名なタレントさんが塾の宣伝をしてくれるようになり、非常に多くの生徒を集めているそうです。

Q 個人塾運営にかかる経費はどのくらいですか？

A 毎月かかる経費としては、家賃＋5万円が目安です。

内訳は通信費や消耗品費などですが、開業当初は生徒を集めなければならないので、さらに広告費がかかります。年間80万～100万円くらいでしょうか。

ただ、満席を維持できるようになったら、年間の広告費は20万円に収まるでしょう。

ちなみに私の塾では、水道光熱費は授業料とは別に、一律1000円いただいています。教材費も購入の都度、前払いでいただくので、資金繰りのリスクはほとんどありません。

Q 『ひとり学習塾』の塾長で、風邪など体調不良になったときの対処法を教えてください

A

その日は休校にして、授業を別の日に振り替えます。私も新型コロナウイルスに感染したときは１週間休校しました。

病気や急用などのアクシデントによって授業ができなくなるリスクは、『ひとり学習塾』に限ったことではありません。個別指導塾のアルバイト講師でも、風邪を引いたり大学の授業が長引いたりして、担当の授業に来られなくなることがあります。

むしろ人を雇っていたら人数が多い分、アクシデントが起こる回数は増えます。大人が風邪を引く回数は、年間１～２回だと思いますが、もし講師を10人雇っていたら、年間で10～20回授業が休みになるリスクがあるわけです。それが『ひとり学習塾』なら年間１～２回で済むのですから、むしろリスクは低いといえます。

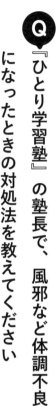

なお休校の連絡は、保護者への一斉メールで行っています。

生徒が来塾・退塾する時に自動でメールが送られるようになっており、そのシステムを使って配信しているのです。メールの連絡が1回で済むので、体調の悪いときでも、それほど負担になりません。

Q 独立して、どのくらいの売上がありますか？

A 私の場合、開業2年目からずっと年収1，000万円以上を維持しています。

現在は生徒が80人で、テスト対策がない月の売上が150万円くらい。経費は月に20万円もかかっていませんので、約130万円が残ります。テスト対策がある月の売上は220万円くらいです。いまは2人体制なので、利益を2人で分け合い、税金などを支払った残りが私の自由に使えるお金です。

私は買い物をほとんどクレジットカードで済ませており、その請求額は毎月40万円～50万円くらいです。好きな車にも乗っており、塾講師としては経済的に恵まれているほうだと思います。

Q 成功している塾の共通点はどこにありますか？

A 塾長のフットワークが軽いことです。

また、塾長の人柄に生徒が集まるようなカリスマ性があります。

それから、外部にしっかり塾の存在をアピールできていることも挙げられます。例えば毎日ブログを書いたり、動画を配信したりするなどです。

一言で言えば、成功している『ひとり学習塾』の塾長の人物像は、「現場が大好きで行動力がある人」です。

Q 授業料を値上げすると、生徒離れが起きますか？

A 心配であれば、値上げ自体を考え直すべきです。

もしアルバイトを雇っていたら、「人件費が高騰しているので授業料を値上げします」ということがあるかもしれませんが、『ひとり学習塾』では値上げをする必要や理由がないといけません。『ひとり学習塾』の経費はほとんど家賃ですが、その家賃が急に上がるということもないでしょう。

授業料を値上げすれば、生徒が離れるおそれは少なくありません。私が言うのも変ですが、塾は日常生活に不可欠なものではないので、値段が上がったら退塾してしまう人が一定数いると思います。

『ひとり学習塾』なのに値上げしなければ利益が出ないという状況は、収益構造そのものに問題があります。値上げを考えるまえに、削れるコストはないか、よく考えてみましょう。

Q 大手FC個別とは張り合うべきですか？

A

いままで「大手の集団指導塾とは張り合ってはいけない」と述べてきましたが、「大手FC個別」は明確な競合になります。切磋琢磨すべき存在と言えるでしょう、

『ひとり学習塾』はフットワークの軽さや授業料の安さ、柔軟な対応などで優位性を発揮できます。そこをしっかりアピールできれば、大手のＦＣ個別を相手にしても、地域で抜きん出ることができるでしょう。

ただし、広告の方法には注意が必要です。

『ひとり学習塾』の中には、チラシで授業料の安さや実績をアピールする際、大手ＦＣ個別をアルファベット表記でぼかした形で比較の対象としているところもあります。

しかしこのような比較広告は、適切な方法で実施しないと景品表示法違反となったり、業務妨害で相手の塾から訴えられたりする可能性がゼロとは言えません。

私は、広告を出す際には他塾と具体的に比較はせず、自分の塾のメリットを強調するにとどめています。もちろん授業料や授業体系を設定する際には、大手ＦＣ個別を意識しましたが、それをことさらに表に出すことはしていません。

Q 知り合いのFC塾の塾長は大変そうですが、なぜでしょうか？

A いろいろな理由がありますが、まず一つ目が、多額の金銭的な負担をしているというプレッシャーです。

加盟金や内外装工事費など、初期費用で1000万円以上かかるケースが多く、それを借り入れでまかなっていたとしたら、開業時から多額の借金を背負っているようなものです。

さらに運営が始まったら、広告料や協賛金、システム利用料、ロイヤリティーなどさまざまな名目でランニングコストがかかります。

金銭的な負担を考えただけで、相当なプレッシャーではないでしょうか。

また柔軟な動きを取りづらいことも、FCの経営が大変な理由のひとつです。

自分の個性を発揮できる理想の塾づくりをしたくても、FCでは本部の方針に合わせる必要があり、どうしても画一的な指導にならざるを得ません。

結果、フットワークが軽い『ひとり学習塾』に先を越されてしまうのです。

ＦＣの多くは３年～５年契約で、中途解約しようとすると違約金が発生します。

しかし高い初期費用やランニングコストなどによって財政状況が圧迫され、違約金を払うこともできないケースが後を絶ちません。辞めようと思っても辞められず、大変な思いをしているＦＣオーナーが多いのです。

Q 「熱心な塾ほど成績上位者の退塾（転塾）が多い」のはなぜですか？

A 熱心な個人の個別指導塾で成績が上がると、大手集団指導塾に通いたくなるからです。生徒としては、よりレベルの高い環境で自分を試してみたくなるのでしょう。

生徒にとっては良い意味の転塾であり、成績下位層や中間層をターゲットにした塾では仕方がないことでもあります。

しかし営利でやっている以上、はいそうですか、と簡単に退塾させるわけにはいきません。

もし中学3年生に、面談で保護者から退職の意思を告げられたら、私は次のように伝えます。

「2年生の終わりに入塾していただいてから、半年間で〇〇さんの成績は、こんなに上がりました。しかし1年生と2年生の勉強はほとんどしていません。2年間の空白期間がある以上、これまで集団指導塾で受験対策をしてきた生徒たちとは圧倒的な差があります。いま転塾してしまうと、せっかく手に入れた自信も失ってしまうかもしれません」

このように話すと、思いとどまる生徒もいます。

実は、これはただの営業トークではありません。実際に集団指導塾へ転塾していく生徒の中には勉強についていくのが難しく、私の塾に戻って来る生徒が少なくありません。

成績の中位層〜下位層をターゲットとした塾で、着実に成績をアップできていれば、転塾を考える生徒は必ず出ます。しかし自塾でしっかりと点数アップなどの価値をつくれているのであれば、おそらく、そのような生徒はまた戻って来ることになるでしょう。

その意味では、転塾を希望されても、恐れることはないと思います。

Q テスト前の土日も塾は開けるべきですか？

A 開けるべきです。地域密着や面倒見のよさをうたうなら、他塾が開けていない時間の開校は必須です。それが大手塾との差別化のポイントになります。

雇われ講師では、日曜日に出勤したところで給料が上がるわけでも、見返りがあるわけでもありません。

それではさすがにやる気は出ないと思いますが、『ひとり学習塾』の塾長は、努力した分はすべて自分に返ってきます。

少しでも稼ぐ可能性を高めたいなら、生徒にとって必要な時期であれば、土日祝日も関係なく塾は開けておくべきです。

Q 流行りそうな塾名の決め方を教えてください

A

私の場合は「成績が上がる塾」というコンセプトは決めていたので、「上がる」というイメージでいろいろ考えていましたが、なかなか「これは！」というものが思いつきませんでした。

そんなとき、ふと「ステップ」という名前が浮かんだのです。

ただ、同じ名称の塾があるとまずいので、念のためインターネット検索してみると、神奈川県で展開している同名の大手学習塾がありました。

地域が異なるとはいえ、同じ名前を避けようと、「ステップアップ」にしたのです。

また「ステップアップ」という単語なら誰でも聞いたことがあるはずなので、覚えやすいだろうという思いもありました。

名称はわかりやすく、インターネットで検索されやすいものにしたほうがいいでしょう。

仮に「ナブラ」という塾があったとします。ナブラは数学のベクトル解析で使う記号で、例えば数学専門の塾にはふさわしい名称のようにも思えますが、この単語を人生で一度でも聞いたことがある人は、非常に少ないのではないでしょうか。そのため、どのような特徴のある塾なのか、一般の人には伝わってきません。

また「田中塾」や「鈴木塾」のように、塾長の名前をつけているパターンもよく見られます。地域密着を貫くなら、それでも構いません。ただ、もし多店舗展開を想定しているのであれば、新規に開校する地域で、他の塾と名称が被ってしまう可能性があります。あまりにシンプル過ぎるのも考えものです。

また、商標権についても配慮が必要です。
塾名を考えたら、同じ名前が商標登録されているかどうかを確認し、もし同じ地域に同じ名称の塾があったら、その名称は避けるべきです。
また逆に、塾名が決まったら、他人に真似をされないよう、早めに商標登録しておくことをおすすめします。

（参考）特許情報プラットフォーム（J-PlatPat）
https://www.j-platpat.inpit.go.jp/

Q 周囲の住人から苦情が来たらどうするべきでしょうか？

A 可能な限り迅速に対応していることを、目に見える形でアピールすることです。

私も、以下のような苦情を受けた経験があります。

・送迎の車が路上駐車して邪魔

↓翌日、三角コーンを買ってきて「駐車禁止」の貼り紙をしました。

・塾から帰る生徒の話し声がうるさい

↓生徒たちに「教室の中ならいくらでもしゃべっていいが、外に一歩でも出たら黙る」ことを約束させました。

このような苦情を受け、塾則で「塾の外ではしゃべらない」ことを徹底させたところ、同じクレームが来たことはありません。

そもそも苦情を発生させないためには、ご近所との関係づくりも大切です。住宅地であれば、折に触れて「いつもご迷惑かけてすみませんね」と声をかけ、季節になったらお中元やお歳暮を渡すなど、人間関係にも気を配ってください。

Q 開業資金について、銀行から融資してもらえますか？

A 日本政策金融公庫の「新創業融資制度」や「新規開業資金（女性、若者／シニア起業家支援関連）」であれば、３００万円くらいまでなら融資を受けやすいと思います。

知り合いの塾長の話を聞くと、他の金融機関でもしっかりした事業計画書を作ることで、３００万円くらいの融資を受けているケースが多いようです。

ただ、融資を受けるためには「見せ金」が必要です。私は友人に頼んで１５０万円を借り、銀行口座に預けました。

融資と自分の貯金を合わせて初期費用と半年〜１年分くらいの運転資金を貯められれば、一応の開業資金は確保できます。

融資が通らなかったり、貯金が少ないという場合には、節約したりダブルワークをして、時間をかけてお金を貯めたほうがよいでしょう。

準備不足で開業しても、どこかのタイミングで資金がショートするおそれもあります。数年後の3月に、ベストのタイミングで開校できるよう、準備してください。

Q 4年目くらいまでの資金繰りについて教えてください

A 第2章に書いたように、授業料を前払いにしておけば、基本的に資金繰りを心配する必要はありません。

開業初年度末に30〜50人の生徒を集めていれば、2年目以降は売上も資金繰りも安定します。そうなれば、その先、数字の面で不安は少し和らぐでしょう。

逆に言えば、開業から1年経って資金がショートするようなら、必要な売上が立っていないということです。

厳しい言い方になりますが、それは、塾長が『ひとり学習塾』の経営に向いていないか、地域に求められていないかのどちらかです。いまの場所からは早急に撤退して別天地を求めるか、塾経営を諦めるか、決断を下すべきと思います。

Q 教材は塾オリジナルのものと塾向けに市販されているものでは、どちらがよいですか？

A 基本的には市販されているもので十分です。

ただ私の塾では、確認テストは塾向けに市販されている教材を使い、質問が集中するような部分はオリジナルの解説書をつくっています。

オリジナル教材が充実していると、それだけで内容の濃い授業をする塾のようにも思えますが、困ることもあります。

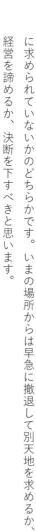

学校のテストの点数をあげることを主眼にしている塾の場合、学校の教科書に沿った指導をするのが基本ですから、オリジナル教材も当然教科書に沿ったものになります。

そのような状況でオリジナル教材を塾のメイン教材にしてしまうと、教科書が変わるたびに教材をつくり直さなければならなくなり、大変な労力がかかるのです。

その意味でも、メインにするのは市販の教材にしておいて、オリジナル教材は教科書がどのように変わっても使える汎用性の高いものをつくり、あくまでも補足的な位置にとどめておいたほうがよいでしょう。

Q 生徒募集で、新聞折込チラシの効果が無くなってきているというのは本当ですか?

A
正確に言えば、チラシ単体での入塾効果は薄れています。

チラシはあくまでも塾についての口コミが広がっている状況で見られてこそ、効果があるものです(146ページ参照)。

そしてチラシを見て「ああ、この塾の名前、聞いたことがあるな」とホームページを検索し、そこで初めて入塾の検討が始まります。

よく、塾の説明をチラシにびっしり書いている方もいますが、残念ながら、チラシの文字を熱心に読む人はほとんどいません。

私の塾でも以前はチラシを見て直接問い合わせをしてくれた人がいましたが、いまはほとんどがホームページか紹介経由です。

チラシも塾名の想起のきっかけになるのでムダではありませんが、チラシの効果に頼るだけではなく、ホームページや口コミ作りに力を入れるべきでしょう。

Q 効果のあるチラシの仕様を教えてください

A 直接的な効果を得るのは難しいとしても、チラシを配るのであれば、できるだけ効果が期待できるものにするべきです。

そこで、形式的面で言えば「フルカラー・両面印刷・Ａ４」がおすすめです。用紙は少し、厚めのよいものを使いましょう。

Ａ４サイズにするのは、新聞折込広告はＢ４サイズが多いので、Ａ４にすると目立つだけでなく、ポスティングされるときに一番上になることも多くあるからです。
また他のチラシの間に入った場合でも、サイズが違うので、そこで手が止まります。紙を厚めにしておくと、さらに目立ちます。

またA4サイズの場合、B4サイズに比べて半額以下の印刷費になるため、同じ費用でも回数多く新聞折込広告を出すことができます。

印刷費の一例を紹介しますので、参考にしてください。

A4サイズ両面フルカラー1万部…1万9000円
B4サイズ両面フルカラー1万部…4万8000円

Q 成功するチラシの文言のコツを教えてください

A 他の塾にはない特徴を、大きい字で目立つようにデザインすることです。

私の塾では、「ここに来れば成績が上がる」という内容のキャッチコピーを、最も大きい字で書いています。

後は、実績や料金体系を簡単に載せてあるだけです。

こうすることで、チラシを見た人は、本当に成績が上がっているのかどうか気になります。するとすでに私の塾に通っている生徒の保護者に話を聞いたり、ホームページで詳しい実績を調べたりして、問い合わせをしてくれます。

まだ実績がないうちは、「土日祝日でも塾を開けています」のように、塾の方針の中で差別化になる文言を載せるのがいいでしょう。

塾に興味を持ってもらい、口コミやホームページにつなげられるようにするには、とにかく塾の特徴をわかりやすく、かつ具体的に書くことです。

Q ポスティングや校門配布には効果があるのでしょうか？

A 開校してから半年ぐらいは効果がありますが、それ以降は逆効果です。

開校したてのころは、「新しい塾がオープンしたから、生徒を集めているんだな」と思われるだけで、不自然な印象はありません。私も近所の学校の校門前や近くの公園でチラシを配り、5、6人が入塾してくれました。

しかし半年を超えてしまうと、「あの塾、まだ校門でチラシを配っているのか。人気がなくて生徒が集まらないんだな」と悪い印象を与えてしまいます。たとえ実際には十分な数の生徒が入塾していても、他人の目には「不人気な塾」と映るのです。

ポスティングや校門配布で効果をあげるためには、開業して間もないうち短期集中が基本です。

Q チラシをまいても問い合わせがありません。何が原因ですか？

A チラシというより、ホームページに問題があるのかもしれません。

250ページでも書いたように、チラシはホームページへ誘導するきっかけと考えてください。

いくらチラシをまいても、ホームページを見て心が動かなければ、誰も問い合わせをしてきません。

とは言え、そもそも興味を引くチラシでなければ、見てもらえません。

そのためのチラシのつくり方の工夫ですが「チラシにはアピールしたいことの核となる部分を掲載し、ホームページに細かい内容を載せる」ということがあります。

私の場合、まずチラシの表面に「成績アップならステップアップ」と大きく掲載し、主要な点数アップの実績をできるだけたくさん具体的に載せます。

裏面には、集団指導も行う個別指導塾であり、受験対策もやっている、など塾の概要を簡単に書き、料金表を載せています。

最後にホームページ検索へ誘導する文言と画像です（よくある「〇〇」「検索」という検索窓のアイコンです）。

ホームページには授業の流れや細かい実績、入試実績を載せ、写真を掲載して塾の様子がわかるようにしています。

そして最終的にお問い合わせフォームから名前や学年、連絡先などを記入し、コンタクトを取ってもらうのです。

チラシをいくらまいても反応がない場合は、上記の各段階できちんと施策を打てているか、改めて確認してみてください。

Q ブログやSNSはやるべきでしょうか？

A

アメーバブログなど、無料のブログサービスで十分ですから、ぜひブログは書いてください。インスタグラムもできればやったほうがいいでしょう。一方、X（旧Twitter）はあまり効果がないかもしれません。

ブログは最低でも週に2、3回、できれば毎日投稿します。塾の様子や理念、授業内容、塾長の人柄などを伝えるためです。何よりブログはSEO対策になります。ブログを始めたらホームページと相互にリンクを貼りましょう。

インスタグラムは、ブログを書いたうえで余力があれば、やるといいと思います。

写真がメインのＳＮＳなので、普段の様子を撮影して、「賑わっている感じ」を出すとよいでしょう。仮に生徒が３、４人しかいなくても、勉強している後ろ姿を近くで撮影すれば、たくさん生徒がいるように見えます。写真の撮り方を工夫すれば、いいアピールになります。

Q ホームページは必要ですか？

A 開校時に必ずつくってください。今時ホームページがないと、それだけで信頼されません。

とは言え、凝ったものにする必要はありません。シンプルなものがいいでしょう。

私は以前にアニメーションを使ったホームページにしたことがありますが、滞在時間が減ってしまいました。

おそらく、せっかくホームページに来ても、知りたい情報をすぐに見られないので、イライラして離脱してしまったのでしょう。

伝えたいことがムダなく伝われば、まずはそれで十分です。

Q 開校当初は、どのように生徒を募集すればよいでしょうか？

A 繰り返しお伝えしているように「チラシ配布→ホームページ」の流れで塾の実績をアピールするのが基本です。しかし開校当初は、アピールするべき実績がありません。

そのため、まずは、人柄や塾の方針などを理解してもらうことです。

私が開校してから最初に配布したチラシのキャッチコピーは次のようなものでした。

「お子さんに合う塾をいっしょに探しませんか？　極論ですが、うちの塾じゃなくてもいいんです」

保護者のために親身になって対応する姿勢を打ち出したつもりだったのですが、やはりどこか訴求ポイントが漠然としているので、問い合わせが来る件数も、その中で成約する確率も、いまと比べるとだいぶ少ないものでした。

新聞折込広告とポスティング、直接配布などすべて合わせてチラシを10万枚ほどまき、説明会に来てくれたのが15件くらい。そのうち入塾してくれたのが5人です。

ここまでにかけた期間は1カ月半くらいです。

最近開校した2校目は、チラシを配布したその日に1件の問い合わせが来ました。やはり実績があるかどうかで、即効性に大きな差が出ます。

また、最初の開校時に、せっかく説明会に来てくれても入塾者が少なかったのは、集団指導塾のように私が一方的に「説明」する形式の説明会だったからです。

何の実績もない塾長の一方的な話を鵜呑みにしてくれるほど、保護者はやさしくありません。そこで次のときからは現在と同じくヒアリングを中心にした個別相談の形にしました。

そのようにすることで、「生徒のことを本当に親身に考えてくれる塾」という印象を与えることができたと思います。

開校当初は、当然、一目瞭然の売り物がありません。

そうであれば、なんとか直接保護者と話す機会をつくり、そこでしっかりと自分の塾ができることをアピールするべきです。

Q 開校半年後の生徒募集の仕方を教えてください

A

開業から半年ほど経っているなら、定期テストを3～4回は経験しているはずです。

難関校の合格者数を売り物にする塾ではなく、学校の成績を上げることを目的とする塾であれば、定期テストの結果、点数が上がった生徒の実績をチラシやホームページ、のぼりや貼り紙などで訴求します。インターネットのリスティング広告もおすすめです。

合わせて、点数を上げるための授業体系なども確立しているはずですから、これもアピールしていきましょう。

目標の実績としては5教科で50点アップは欲しいところです。これがクリアできていれば、塾としての実績として打ち出すべきです。

Q 開校1年後以降の生徒募集の仕方を教えてください

A 地チラシや広告に実績を載せられることは、開業初年度との大きな違いです。

難関校合格が目標ではない『ひとり学習塾』の場合、アピールの仕方にはコツがあります。「○人が志望校合格」や「偏差値40からの逆転合格！　偏差値55の○○高校へ」などの書き方がいいでしょう。「入塾当初は成績が悪かった生徒でも、行きたい高校に行けた」ということを伝えるわけです。

チラシを見た中学生や保護者が、「自分（うちの子）にも伸びシロがあるに違いない。この塾なら……」と希望を持ってくれます。

開業から1年も経てば、生徒の人数と実績は増えているはずです。授業料や授業内容なども、自信を持って掲載しましょう。

チラシやホームページでアピールする内容もどんどん変えていってください。ブログのような感覚で更新していくと、塾が進化していく様子を見せられます。

Q 生徒集めのための無料講習はやるべきですか？

A

季節講習を完全無料で実施する塾がありますが、あまりおすすめしません。無料につられて来る見込み客は、質がよくありません。生徒は学ぶ意欲が低く、保護者はあまりお金を払いたがらないのです。

私の塾では、無料で「1日テスト対策」をしていました。テスト対策期間の土日に、生徒は友達を1回につき1人だけ連れてきていいことにして、参加した友達には、次回からは100時間のテスト対策を有料で提供するというものです。塾としては、無料で参加している人が1人いるだけなので、負担はほとんどありません。テスト対策の良さをわかってもらうことができたためか、その後の継続率は8割でした。

もし個別指導塾で1回分の授業を無料にしてしまうと、その時間はただ働きになってしまいます。

しかし先ほどの「１日テスト対策」のような提供の仕方なら、塾側の損失はありません。

私も開業当初は「無料体験授業１カ月」というキャンペーンをやっていましたが、さすがに１カ月間の無償労働はつらいものでした。無料期間を１週間、90分と縮め、今は60分１回だけにしています。

知り合いの塾長さんが、「体験授業を有料で行うようになったら、顧客の質がとても良くなった」と言っていました。有料といっても５００円か１０００円くらいですが、体験授業を有料にすると、「入塾の意志がほぼ固まっているけど、いちおう試してみたい」という人が来ます。

一方、無料にすると、入塾の意思がない人が来てしまうのです。

「無料」は生徒の呼び水にはなりますが、最低限にとどめておくべきです。

Q 保護者からのクレームにはどのように対応するべきですか？

A クレームへの対応法は、場合によって異なります。

明らかに塾側が悪い場合は当然ながら誠心誠意謝罪しますが、保護者から理不尽な怒りを向けられ場合などは毅然とした態度をとるべきです。

テスト対策で寝ている生徒がいるので保護者に電話すると、「なんで起こしてくれないんですか!?」と逆ギレされたことがあります。こちらは「塾は保育園ではありませんから。寝ているなら教室にいる必要はないので、帰ってもらいますね。おうちでしっかり話してください」と言って、その生徒を帰らせました。

また「あの子にはたくさん教えてるのに、うちの子には教えていないじゃないですか。依怙贔屓してるから、あの子は成績がいいんだ！」など、主に〝不公平感〟に関するクレームもあります。

結論から言えば、依怙贔屓などではありません。意欲的な生徒は積極的に質問しに来るので、講師もそれに答えます。なので成績も伸びます。あまり質問をしない生徒の保護者から見ると、依怙贔屓に見えるわけです。

その点をしっかり説明することが大切であり、過剰に謝ったり下手に出たりする必要はありません。

Q 生徒が退塾しそうな前兆とはどのようなものでしょうか？

A

生徒が塾を休みがちになったり、宿題をやらなくなる。

あるいは体調不良で休むというのが３回、４回と続くと、たいていは、辞めます。

ただ私は、そのような生徒のフォローはしません。

勉強する意欲がなくなった生徒がいるより、やる気のある生徒だけいたほうが、勉強をする場としての塾の雰囲気が良くなるからです。

退塾しそうな生徒をフォローすると、真面目に勉強している生徒に不公平感が生じます。

本来は、がんばっている生徒こそ気にかけるべきであり、退塾しようという生徒に時間を費やしても、真面目な生徒が嫉妬してモチベーションを下げるだけです。しかしなぜかここを逆にして、退塾しそうな生徒に手厚く対応してしまう塾が少なくありません。

「去る者は追わず」です。やる気のある生徒のサポートに力を注ぎましょう。そのほうが塾の実績も上がり、生徒にも喜ばれます。

Q 塾生の成績が上がらないときの対応を教えてください

A

生徒および保護者と、よくコミュニケーションをとることです。

最初の面談で成績アップの計画を立てる際に、半年から1年くらいの中長期スパンで考えます。その間、たとえ目に見える結果が出ていなくても、「確認テストに合格するのが早くなった」など、確実に成長している部分を説明します。

ただ、もしも1年経って成績が上がっていないようであれば、その生徒は塾に合わないのかもしれません。塾側から「このまま在籍していても、求めている効果は得られないかもしれない（転塾した方がいいかもしれない）」という話をするのが誠実な対応です。

とは言え、塾の責任ではない部分で生徒の成績が上がらず、保護者がクレームをつけてくる場合も少なからずあります。そのような場合に役立つのが、"記録"です。

私の塾は監視カメラを設置して、勉強している生徒の様子を確認できるようにしています。そうすると、テスト対策演習中にいつも寝ているなどの証拠が残るので、もし「成績が上がらない」というクレームが来たら、保護者に映像を確認してもらいながら説明することができるのです。

先日、こんなことがありました。

成績がなかなか上がらず、面談で保護者は私に詰め寄ります。「テスト対策で寝ているのだから当たり前です」と説明すると、生徒本人は「寝ていない」と言い張り、保護者もそれを信じていました。しかし監視カメラの画像を見ると、30分おきに船を漕いでいます。それを面談で見せると、保護者は納得。その生徒は、私の目の前で、かわいそうなくらいに叱られていました。

「何かしら問題は起こるもの」という前提で、塾での様子など、記録に残せるものは残しておくとよいでしょう。

Q 退塾者が続出しているときはどうすればよいですか？

A 退塾を無理に止めようとするよりも、原因を分析し、今後の改善に役立てたほうがよいと思います。よくある原因と対策は次の通りです。

・1人の中心人物の退塾に、他の生徒がついていった場合

1人の生徒が、部活の仲間を引き連れて入塾した場合に、こういうことが起きます。これはそもそも集客の仕方が悪かったパターンです。集客方法を検討する必要があるでしょう。

・成績上位層の退塾が続出する場合

成績上位層の生徒から見て授業のクオリティーが低いことです。難易度が高い問題を増やしたり、授業内容を変更したりといった対策が挙げられます。ただし、そのような施策によって、自分の塾が目指している方向性にブレが生じないように注意する必要はあります。

・成績中間層の退塾が続出する場合

個別指導塾にとってメインターゲットである層が退塾していくという深刻な問題です。原因は、外的要因と内的要因に大別されます。

外的要因とは、他の塾に生徒が取られてしまっているケースです。アピールの仕方を工夫するか、場合によっては授業内容や運営方法を変えて、他塾との差別化を図らなければなりません。

内的要因とは、いったんは塾を気に入って入塾したものの、実際に提供された内容に満足できず退塾してしまうケースです。生徒や保護者としては「思っていたのと違う」「期待していたほど成績が伸びなかった」という感覚です。

これは授業内容や方法など、サービスを根本的に改善する必要があります。

生徒と保護者が塾に求めているゴールを、いまの塾が提供できているか、考えてみてください。

Q 保護者面談はどのくらいの頻度で行うべきですか？

A

基本は、1学期と2学期の期末テストが終わってから年2回です。時期は7月と12月になります。

加えて、保護者が希望する場合は、月1回まで任意で面談を行えるようにしています。

面談では、定期テストの結果を保護者に説明します。

どのような勉強をして、どう点数に結びつき、今回の成績になったのか。点数が上がっていないのはどの科目で、どうすれば上がるのか。反省シートを見ながら、データを交えて伝えます。

面談時間は基本的に1時間です。順調に成績が上がっている生徒の場合は30分で終わることもあります。

面談の目的は、塾で何が行われているのかを、目に見える形で保護者に伝え、安心してもらうことです。

この目的を達成できるのであれば、面談は1回5分でも、年1回でも構いませんが、それでは足りないので、私の塾では年2回・各1時間の形に落ち着いています。

Q 生徒へのサービスとして、季節イベント（夏祭り・ハロウィン・クリスマス・卒塾パーティーなど）はやるべきですか？

A 極力やったほうがいいと思います。

塾に勉強以外の価値を持たせるのも、差別化戦略のひとつです。エンタメ的な要素があり、かつ成績アップの実績をあげていれば、生徒が集まりやすくなります。

特に私がイベントで狙っているのは、生徒の弟や妹の入塾です。

夏祭りのようなお祭り系のイベントでは、生徒の弟や妹が参加できるようにしています。「塾は楽しい場所」ということを知ってもらうと、兄弟姉妹で入塾してくれる確率が上がるからです。

兄弟姉妹と違って、生徒の友達は参加できません。誰でもイベントに参加できるようになると、塾に入っていることによる〝プレミアム感〟がなくなるためです。

参考までに、私の塾では次のようなイベントを行っています。

・夏祭り

校舎の前の駐輪場で流しそうめんやたこ焼き、風船釣りなどの出店。

・ハロウィン

校舎の玄関をハロウィン風に装飾。塾に来るたびに1個ずつ、箱に入れたお菓子をプレゼント。

・クリスマス

クリスマスツリーにお菓子のパックを飾り、1人につきひとつプレゼント。余ったら兄弟姉妹へのお土産に。

・卒塾パーティー

中学3年生が対象です。高校入試の合格発表の前日にレジャー施設で遊び、塾に戻ってたこ焼きパーティー。「この塾でがんばってよかった」というご褒美のようなものです。

Q 生徒間のトラブルへの対処法を教えてください

A

この対応については、具体的な事例を元に説明したほうが、わかりやすいでしょう。

テスト対策の時期に、いわゆる「いじられキャラ」の生徒が、他の生徒に自転車を隠されました。

自習が終わる時間は夜10時なのに、10時半ころまで駐輪場でウロウロしていたのです。気づいた私が声をかけると、「自転車がありません」と言います。いっしょに探してみると、校舎の脇の見えづらい角のところに隠してありました。

翌日、他の生徒に事情聴取すると、加害者の2人が判明。すぐに保護者を呼び、次のような話をしました。

「どういうつもりですか！　本人たちはただのじゃれ合いのつもりなのかもしれませんが、私はそうは思いません。こういうのが、いじめにつながるんです。そうなったらどう責任を取れるんですか!?　やっていいことと悪いことがあります。二度と同じことをしないと誓えないのなら、すぐに退塾してください」

もし学校だったら、ここまで強くは言えないでしょう。

加害者生徒と保護者には、すぐに被害者に謝ってもらい　そのうえで私は加害者の生徒2人とその保護者に伝えました。

「まだ私は許しません。でも、ビックリするくらい点数を上げたら許します」

それから加害者の2人は急激に成績を伸ばしました。ひとりは学年200人中80位くらいだったのが10位台へ。もう1人は140位くらいから40位くらいまで上がりました。

最終的に2人の保護者から感謝され、成績が上がって塾もより活気づきました。マイナスから転じてプラスになったわけです。

悪いことは悪い。塾として、いじめや他の生徒に迷惑をかけることは許さない。まず、そのことを徹底的に伝えることが大切です。

そうすることで、塾全体に悪事を許さない雰囲気が生まれます。それは「塾は勉強をするところ」というイメージを植え付けることにもつながります。

Q 集中力が増す部屋の色、レイアウトはありますか？

A

壁紙の色や机のレイアウトなどは、私は特に意識していません。

教室の壁は白や黄色、ピンクなど、部屋によってさまざまな色に変えていますが、あまり深い意味はありません。好きなように塗っただけです（笑）。それぞれの部屋で生徒の集中力に差があるようには感じていません。

レイアウトについては、個別ブースではなく長机にすることで他の生徒のがんばりが見えるようにしています。お互いに刺激になり、集中力が高まるからです。

集中力を増すために大切なのは「余計なものを置かない」ことだと思います。

とはいえ、まっさらな状態でも、かえって集中できません。

そのため、私の場合、壁には勉強に関係する掲示物を貼っています。例えば、勉強法や成績ランキング、重要な暗記項目（漢字や元素記号、歴史年表など）、塾のルールなどです。

また、大幅に点数が上がった生徒のランキングも貼っています。生徒に「ランクインしたいな」と思ってもらい、集中力を高めてほしいからです。オリンピックの表彰台のようなものです。

Q 自信のない生徒に自信を持たせる方法はありますか？

A 小さいことでもいいので成果を出したら褒める。これを繰り返すことです。

通常授業は、覚える、正解する、褒める、の繰り返しです。

限られた範囲を学習し、その中で難しく感じるところがあれば重点的に覚え、それができたら褒める。確認テストを行い、正解していれば、また褒める。そうやってできる範囲を広げていく。

これが通常授業の役割であり、生徒はその達成感で自信をつけます。

しかし通常授業でつく自信は、まだかりそめのもの。少し難しい問題に挑戦すると、揺らいでしまうでしょう。

だからテスト対策で繰り返し確認テストを行い、大量に問題演習を解いて、「正解する経験」を積み重ねます。目標に少しずつ近づけば、また褒めます。

最終的に定期テストで点数を取り、大幅に成績アップする。たくさん褒める。ここまで来れば、安定的な自信が手に入ります。

生徒に自信を持たせるのは、人と人として向き合う個人指導塾だからできることです。

「できるようになったじゃん！」

講師のたった一言で、子どもは大きな自信を持てます。

あとがき

最後まで本書を読んでいただき、ありがとうございました。
何か一つでもお役に立つことがあれば、非常にうれしいことです。

ところで、最後にもう一つ、ぜひ皆さんにお伝えしたいことがあります。
皆さんが目指す塾は、どのような塾でしょうか？

塾の本来の目的は、生徒の成績を上げることです。
成績が上がってくると、生徒の行動が目に見えて変わっていきます。
そのことについて保護者からお礼を言われると、やはり嬉しい気持ちになります。

成績が上がると、生徒の生活態度も変わります。

親に話しかけるようになった。

字がキレイになった。
部屋に行くたびに勉強している姿を見る。

「以前はテスト前でもリビングでゲームをしていた子どもが、部屋で勉強するようになるなんて。成績も上がっているし、先生、本当にありがとうございます！」

こんな風にお礼を言ってもらえるのは、塾講師としてやりがいのひとつです。

私の塾では、勉強だけを教えてるわけではありません。礼儀や感謝の気持ちを持つことの大切さも伝えています。

「親がちゃんと君のことを考えてくれるから、塾に通える」
「期待されているんだから、裏切らないように」
「感謝の気持ちでやらなあかんよ」

こういった言葉の一つひとつが生徒に伝わると、何かに目覚めたかのように勉強に向かうことがあります。

親に言われても変わらない子どもも、第三者に言われると変わることがあります。

それができる数少ない環境が、塾です。

私の場合、テスト前の土日や祝日であれば、1日7時間もいっしょにいる身近な存在です。共有してる時間は親よりも長いかもしれません。

そんな身近な第三者に、「1回3分の遅刻が10回になったら30分だぞ。親が払っている月謝を30分間分もドブに捨てるようなものだぞ」と言われると、子どもは変わっていきます。

遅刻どころか、10分前行動をするようになります。

「ありがとう」を言えない子が、言えるようになっていきます。

そんな風に生徒が変わっていくのを見ると、「少しは人生の役に立ったかな」と、感慨深いものがあります。

成績アップのためにやっていることが、結果的によい方向への行動の変化に結びついているだけなのですが、それが保護者に感謝される、いい仕事です。

塾で礼儀を教えるという考え方はあまりないと思いますが、私がこのようなことをしているのは、予備校時代の個人的な体験がもとになっています。

高校時代、せっかく入った進学校ではロクに勉強せず、髪を金髪に染め、眉もそってバンド活動に明け暮れていた私は、親の言うこともまったく聞かず、当然のように大学受験にも失敗し、浪人生活に突入しました。

目標を見失い、さまよっていた時期だったかもしれません。


そのとき通っていた予備校には、数学担当のスーパー講師と呼ばれる先生がいました。

その方も若いころにはやんちゃをされていたようですが、先生は、私に「謙虚であれ」という言葉を教えてくれたのです。

謙虚であるということは、他の人に感謝できるということ。周りの人のために自分が動くということ。自分がすべてではないと自覚すること。

その言葉で私は変わりました。

予備校代は親が出してくれなかったので、祖父に泣きついて払ってもらった私でしたが、自分がこうしていられるのは親や祖父母のおかげであり、また静かに見守ってくれていた学校の先生、そしていっしょに同じ時間をすごしていた仲間のおかげだということに気づかされたのです。

いまでも座右の銘は「謙虚」です。

いい成績を取れるようになるくらい勉強に打ち込めば、子どもは変わります。
きっかけは人それぞれですが、それはほとんどの場合、親以外の第三者の影響です。
私は、自分のことを考えてくれるスーパー講師の一言で、変わることができました。
「もっと早い時期に先生と出会っていたら」と悔やむ気持ちもあります。

だから私の生徒には、変わるチャンスを失ってほしくないと思います。

独立して塾を経営したいと考えている皆さんは、現在いる環境には収まりきらない、教育への情熱があると思います。

子どもたちを変えるきっかけは、成績を上げることです。
成績が上がれば、子どもたちは必ずいい方向に変わります。
子どもも保護者も、そして塾の経営者もみなハッピーになれるのです。
そんな教育環境を可能にするのは、『ひとり学習塾』以外にないと、私は思います。

本書を最後まで読んでくださった皆さんが、ぜひ新たな『ひとり学習塾』の経営者の一員となってくださることを心から願ってやみません。

妹尾耕次

■デザイン
金子　中

■出版プロデュース
株式会社天才工場 吉田浩
■編集協力
滝口雅志

■著者略歴

妹尾耕次（せのお　こうじ）

日本一成績を伸ばす「本気になれる塾ステップアップ」代表。小さな塾人。

1983年9月28日、岐阜県土岐市に生まれる。大学時代に「個別指導のトライ」でアルバイトを始めたことをきっかけに、塾講師という職業の魅力に気づく。

大学卒業後に公務員となるが、塾講師への思いを断ち切れず、半年で退職。名古屋市の集団学習塾で8年修行ののち、2016年に「学習塾ステップアップ」を開校する。自分の体験をもとに生み出した、「100時間勉強マラソン」のようなユニークな指導法で、定期テストの点数を最大250点引き上げるなど驚異的な実績を多数生み出し、「ステップアップ」を愛知県でも有数の人気塾に育てあげ現在に至る。「小さな塾人」というアカウントで、Xでも情報発信をしている。

▼妹尾耕次（小さな塾人）X（旧Twitter）　https://twitter.com/chiisanajukujin

※ご注意：左記のQRコードは、スマートフォンの「X」アプリが必要になります。

▼本気になれる塾ステップアップパートナー募集HP　https://www.honki-step-up.com/

▼学習塾ステップアップHP　https://stepup-school.com/

▼学習塾ステップアップInstagram　https://www.instagram.com/step_up_honki_school/

※ご注意：左記のQRコードは、スマートフォンの「Instagram」アプリが必要になります。

●学習塾ステップアップブログ　https://ameblo.jp/stepupblog/

●学習塾ステップアップX（旧Twitter）　https://twitter.com/step_up_sc

※ご注意：上記のQRコードを読み取るには、専用のアプリなどが必要です。アプリは各自でご用意ください。

※ご注意：XやInstagramのスマートフォンアプリは各自でご用意ください。また、ご使用方法についても各自でお調べください。

「ひとり学習塾《がくしゅうじゅく》」
開業《かいぎょう》&《アンド》経営《けいえい》㊙《まるひ》マニュアル

発行日　2024年　6月　1日　第1版第1刷

著　者　妹尾《せのお》　耕次《こうじ》

発行者　斉藤　和邦
発行所　株式会社　秀和システム
〒135-0016
東京都江東区東陽2丁目4−2　新宮ビル2階
Tel 03-6264-3105（販売）Fax 03-6264-3094
印刷所　日経印刷株式会社　Printed in Japan

ISBN978-4-7980-7223-4 C0034